本书受国家自然科学基金项目"时空耦合俱乐部趋同形成与演化机制研究"（项目批准号：41771124）、教育部人文社会科学研究青年基金追赶与融合：中国区域经济增长俱乐部趋同形成与演化机制研究（批准号：17YJC790198）等的资助

经济新常态下
河南区域经济协调发展路径研究

Research on the Coordinated Development Path of Regional Economy in
Henan Province under the New Economic Normal

张伟丽◎著

经济管理出版社
ECONOMY & MANAGEMENT PUBLISHING HOUSE

图书在版编目（CIP）数据

经济新常态下河南区域经济协调发展路径研究／张伟丽著.—北京：经济管理出版社，2019.9

ISBN 978-7-5096-6891-7

Ⅰ.①经…　Ⅱ.①张…　Ⅲ.①区域经济发展—协调发展—研究—河南

Ⅳ.①F127.61

中国版本图书馆 CIP 数据核字（2019）第 183128 号

组稿编辑：赵亚荣

责任编辑：赵亚荣

责任印制：黄章平

责任校对：陈　颖

出版发行：经济管理出版社

　　　　　（北京市海淀区北蜂窝 8 号中雅大厦 A 座 11 层　　100038）

网　　　址：www. E-mp. com. cn

电　　　话：(010) 51915602

印　　　刷：北京晨旭印刷厂

经　　　销：新华书店

开　　　本：720mm×1000mm /16

印　　　张：12.25

字　　　数：182 千字

版　　　次：2019 年 9 月第 1 版　　2019 年 9 月第 1 次印刷

书　　　号：ISBN 978-7-5096-6891-7

定　　　价：57.00 元

前　言

　　河南省作为中国内陆人口大省，劳动力、自然资源等传统要素资源丰富，技术、管理及资金等创新要素、高端要素不足，其主要人均指标低于全国平均水平的状况一直没有改变。大量研究表明，伴随着经济的快速增长，河南省内的经济差异总体上呈现扩大的趋势，两极分化现象突出，协调发展任务艰巨。经济发达区集中于陇海线以北、京广线以西，经济次发达区主要位于发达区周围和南阳盆地，经济欠发达区构建了全省的基本格局，且主要位于发达区和次发达区的外围，经济不发达区主要分布在经济边缘地带。因此，具有较大经济差异的河南各区域如何在新常态的背景下协调发展已经成为迫在眉睫的现实问题。

　　特别地，河南县域发展不平衡是制约河南区域经济高质量发展的重要因素，如何缩小县域差距，构建县域协调发展的新机制是首要问题，而加强县域之间的经济联系是解决这一问题的有效办法。本书就从这个问题入手，分别对中原城市群和河南省 108 个县域进行分析。首先，中原城市群的分析部分以国内具有代表性的四大城市群，即京津冀城市群、长三角城市群、珠三角城市群及中原城市群的内部各城市的市区人均 GDP 作为基础数据，利用格兰杰因果关系检验及网络分析法对比分析了 2000～2016 年四大城市群内部经济增长的空间关联关系，得到各城市群经济增长空间关联网络，进一步对比分析了四大城市群经济增长的空间关联特征。得到的主要结论有：①四大城市群内部各城市之间的经济关联度不高，其中，长三角城市群内部各城市之间的经济关联度最高，但四大城市群的空间关联网络都具有较强的稳定性。②长三角城市群和京津冀城市群没有"经纪人板块"，珠三角城市群有两块"经纪人板块"；四大城市群都至少有一个溢出类板块，而长三角城市群具有两个溢出类板块。③京津冀城市群、长三角城市群和中原城市群的经济增长原动力为"资本溢出型",而珠三角城市群的经济增长原动力为"劳动溢出型"。④四大城市群经济增长板块结构中原动力板块和"动力传导通道"的数量都有所不同,其中京津冀城市群和长三角城市群内部动力传导机制在四大城市群中较为完善和复杂。

其次,河南县域的分析部分选取河南省 108 个县级经济区域作为网络节点,采用 VAR 模型对 2000～2016 年河南省县际经济联系进行研究,并运用社会网络分析法和 GIS 工具对各县域经济联系进行测度,分析河南省经济联系格局特征。进一步地,通过有序响应 Logit 模型分析河南省县域经济联系块的影响因素,并对增强河南省县域经济联系强度提出针对性的建议。研究表明:①河南省县域经济联系网络密度不高,但形成了较为坚固的环形经济联系网络结构。②经济联系中心度分布不均衡,表现出三个明显的地域特征:一是北部强于南部,东部强于西部;二是形成了三个联系强度圈——北部强度圈、中东部强度圈、西北部强度圈;三是经济联系中心度低的县域多与河南省市辖区相邻。③河南省县域可划分为四个经济联系板块。其中,第三板块"净溢出板块"充当河南省经济增长的发动机,将经济增长的动能传递给第四板块;第四板块为"经纪人板块",在河南省县域经济联系网络中充当了明显的桥梁和枢纽作用。第四板块又将经济增长的动能传递给第一板块,第一板块("主受益板块")与第二板块("双向溢出板块")同时进行相互的经济增长的传递。④通过对经济社会影响因素的分析可得出初期第一产业产值、初期第二产业产值、人均收入初始值和变化值、溢出关联关系数、收益关联关系数六个影响因子对经济增长板块的形成具有显著性影响。

针对现有文献普遍关注人均收入单一指标而忽略其他反映经济发展质量的重要因素的缺陷,本书从人口、收入、产业结构、地方政府干预、金融水平、教育水平、医疗水平等方面构建测度经济发展的指标体系,并将主成分分析得到的综合得分作为区域分组的重要依据。然后,计算马尔可夫转移概率矩阵,以及地理邻居、经济邻居与两者耦合下的空间马尔可夫转移概率矩阵，深入揭示河南区域经济发展俱乐部的演变趋势。主要结论有：①河南县域水平的区域经济发展存在四组明显的俱乐部趋同现象。其中，高水平主要集中在豫中的郑州市周边一带、豫北的安阳市部分地区以及豫东的商丘市部分地区，整体趋势为"C"型，经济发展稳定；中高水平的区域则比较分散，大多分布在豫东的周口市和豫南部分区域，发展类型不稳定；中低水平的区域主要在豫南的平顶山市、南阳市、信阳市、驻马店市的部分地区呈零散分布，稳定性较差；低水平区域主要集中分布在豫西的洛阳市各县和豫北的新乡市、鹤壁市的部分地区，经济发展状态较稳定。②地理邻居和经济邻居关系对趋同俱乐部的变迁有一定的影响，通常情况下，与高水平区域相邻会提高该地区向上转移的概率，与低水平区域相邻会增加其向下转移的概率；两者的耦合作用会在一定程度上强化两者的效应，但也会出现特殊现象，如虹吸效应。③本书预测发现，河南县域经济趋同俱乐部稳定在中高和高水平的概率较高，低水平和中低水平区域将会向上发生类型转移，发展前景较好。

　　资源环境是区域经济协调发展的重要支撑。本书以水资源作为资源的代表，以大气污染作为环境的代表，分别用两章分析了其现状及对协调发展的制约和应对策略。

　　首先，河南省水资源利用时空特征及效率分析。随着河南省经济发展和城市化进程的加快，水资源逐渐成为社会发展的制约因素。本书首先对河南省 18 个地级市 2007～2016 年水资源量、供水量及用水量数据进行经验正交函数分解（EOF）。其次，利用模态数据的空间分布研究水资源利用情况的时空演变。最后，利用格兰杰因果关系检验分析河南省水资源利用效率与经济增长之间的关系。主要结论有：水资源储量的变化不具有一致性，呈东南—西北反向分布模式。地表水的供应量变化在绝大部分地级市趋于一致，而地下水供应量呈减少趋势。河南省大体上用水量是呈增加趋势的。农业用水的比例最大，基本占总用水量的 50%。工业用水量南阳市、鹤壁市和漯河市的变化趋于一致，南阳市变化较为显著。在废水排放量上，近 5 年全省 18 个地级市的变化趋势相同。用水效率与 GDP 呈正相关关系，其中，工业用水效率的影响远远大于农业用水效率的影响。

其次,河南省大气污染现状与防治分析——以郑州市为例。随着工业化和城市化进程的加速,环境污染问题日益严重,其中,大气污染是最紧迫的问题之一。本书以郑州市为例,剖析了其大气污染的现状及产生原因。目前,郑州市大气污染已经影响到居民的日常生活,危害人们的健康。本书主要以国家环境保护网站和中国环境监测中心发布的 2014~2017 年郑州市 9 个监测点的观测数据为基础,综合运用空间插值、斯皮尔曼相关性分析,以及灰色相关性分析等方法研究了郑州市这四年的空气质量变化特征,接着,探寻了空气质量与气象条件的关系,最后,进一步分析了影响郑州市空气质量变化的因素。得出的主要结论有:①郑州市这四年空气质量整体上呈现"U"型变化规律,呈现逐渐改善趋势;②在季节变化上,春、夏两季的空气质量要好于秋、冬两季,夏季全年空气质量最好,冬季空气污染最为严重;③从空间分布上来看,郑州市东南部污染最为严重;④人为影响因素方面,汽车保有量、人均 GDP、工业废气排放量及能源消耗总量等对郑州市大气产生了重要影响;⑤气象因素方面,风速及相对湿度对大气污染的影响较强。在不同季节,不同气象因素对大气污染的影响程度也不一样。

最后,本书基于上述各章的研究,提出河南区域经济协调发展的路径如下:第一,将区域空间关联作为区域协调发展的重要决策变量。第二,加强城市间的集聚效应,引导各城市之间相互竞争与合作,重点发展中原城市群。第三,抓住经济新常态机遇,逐步缩小河南县域两极差距。第四,河南县域经济发展应打破传统地理邻居局限,实现空间经济互动网并逐渐加强,最终形成经济共同体。第五,加强政府宏观调控,推进公平,提高效率,制定梯度型区域政策,改善低、中低收入层次趋同俱乐部经济发展的政策环境。第六,精准把握乡村振兴的时代要求,提高农业体系质量,推进新型城镇化进程。第七,积极发挥地方优势,调动地区内部发展要素,把握"一带一路"建设新机遇,构建对外开放高地。第八,保护水资源,提高水资源的利用率。第九,防止环境污染物的大量排放,提高当地环境质量。

目 录

5　河南区域经济发展趋同俱乐部空间格局及其演变分析 ··············· 91

6　河南省水资源利用时空特征及效率分析 ·············· 108

7 河南省大气污染现状与防治分析——以郑州市为例 ··········· 138

绪 论

1.1 研究背景

2008 年美国金融危机爆发，并蔓延至全球，各国经过扩大公共开支、降息及减税等政策实施，全球经济逐步稳定，但复苏的迹象依然渺茫。为了打破国际市场低迷状态、恢复经济增长等，2010 年冬季在瑞士达沃斯举行了全球经济论坛，美国太平洋投资管理公司（PIMCO）首席投资官穆罕默德·埃尔埃利安提出"新常态"一词，用于描述金融危机后世界经济发生的变化。金融危机对中国经济产生了一定影响，"追赶生长"模式的现代经济已经逐渐停滞，经济增长速度不可避免地回落，进入中低速增长状态；经济发展由输入驱动、投资驱动转向创新驱动，市场竞争的加剧及人民日益增长的物质文化需要，反映出中国对消费驱动的需求，意味着服务业在经济结构中的地位逐渐上升。新常态经济不仅仅是中国当前经济发展的主要趋势，而且为未来中国经济发展战略及结果进行预期，面对当前主要趋势，中国应跨越"中等收入陷阱"，有针对性地加强对弱势经济水平地区的支持，对技术、人才等创新要素落后的区域进行财政等金融政策的支持，消除经济新常态对宏观经济的负面影响，逐步实现可持续发展。

在经济新常态背景下，国家经济增速放缓，但经济质量在提高，这对于国内欠发达地区、区域内经济水平落后地区来说，是实现经济快速发展，提高经济水平，缩小与发达地区、经济水平较高地区经济差距的难得机遇。经济新常态下，我国东部沿海发达地区经济增长速度回落，与欠发达地区经济增长速度差距缩小，经济差距也在缩小，这对于欠发达地区来说，是加快经济发展、缩小与发达地区经济差距的重要时期。如何提高落后地区经济发展水平来缩小与高水平地区的经济差距，促进区域协调发展？河南人均经济水平在全国排名较靠后，省内县域经济发展参差不齐，作为欠发达地区，如何在经济新常态大背景下缩小省内县域间经济差距，促进整体经济水平提高，逐步缩小与国内其他省际经济差距？在新的背景下，如何设计河南县域经济协调发展路径？对以上这些问题的研究具有重要的理论意义和实践意义。

中国"新常态"一词，于 2014 年习近平总书记考察河南省时提出，表明了中国对当前国内外经济形势的研判和态度。2015 年 12 月，中央经济工作会议再次强调"认识新常态、适应新常态、引领新常态，是未来一个时期中国经济发展的主要基调"。从认识论来看，"新常态"经济是区域经济经过一段时间不正常发展之后，经济发展转变为正常；"新常态"表明经济增长由原来的高速转为中高速，一方面是边际性减速，另一方面是结构性减速。边际性减速即为经济总量回落，结构性减速即为人口红利、劳动供给要素等降低，经济呈现正常增长水平。

2016 年，中国经济增长速度为 6.7%，相比 2015 年回落 0.2%，整体经济已经进入"新常态"。从各省来看，经济增长速度最高的是贵州省，同比增长 10.5%；经济增长速度最低的是辽宁省，同比下降 2.5%；增长速度在 7%~8% 的省份有 14 个，分别是浙江省、海南省、内蒙古自治区、江苏省、山东省、湖南省、广东省、广西壮族自治区、四川省、陕西省、甘肃省、宁夏回族自治区、青海省、新疆维吾尔自治区。由此可见，中国经济大部分地区已经进入"新常态"经济。

2016 年，河南省经济增长速度为 8.1%，相比 2015 年经济增长高速度回落 0.2%，经济逐步向"新常态"靠拢。其中，经济增长速度最快的为许昌市，同比增长 8.8%，最慢的为平顶山市，增长速度为 7.2%，处于"新常态"经济增长速度范围的城市有平顶山、鹤壁、三门峡三个地级市，其余 15 个地级市经济增长速度均在 8%~9%。纵观近几年河南省各县域经济发展，108 个县域经济均呈现不同幅度的增长，不同行政隶属单位县域间及同属行政单位隶属县域间的经济增长幅度差距仍较明显。河南省县域经济增长速度出现分化，经济水平相对较高的县域，经济增长速度保持平稳增长，但在 2014 年开始回落，如巩义市、荥阳市、登封市、许昌市等，均有不同程度的回落；而经济水平相对落后的县域，经济增长速度则出现较大幅度的增长，如新郑市 2015 年经济增长速度达到 15.6%，中牟县达到 13.5%，孟津县为 12.1%，新安县为 12.5%，郏县为 15.6%，安阳县为 13.7%等。在经济新常态大背景下，河南省整体经济逐步向"新常态"接近，但省内经济水平较低地区的经济发展速度较快，其他地区经济发展水平逐步向"新常态"过渡，省内区域间整体差距逐步缩小，尤其是地市内，低经济水平县域与高经济水平县域间差距有所缩小，但是不同行政单位间县域经济差距仍较明显。

在经济增长速度回落后，中国不同地区的经济增长指数反映出发达地区经济增长指数率先接近"新常态"，而欠发达地区经济仍在高速增长，呈现追赶"新常态"地区经济的现象。对于欠发达地区来说，"新常态"经济是缩小与发达地区经济差距的机会，在达到发达地区经济质量后，再次回落，并进入"新常态"。

在经济新常态背景下，欠发达地区如何缩小与发达地区间的经济差距至关重要，河南省作为欠发达区域之一，县域经济发展的水平长期滞后于发达省份，如何追赶发达地区经济质量成为经济新常态下的主要任务；并且"一带一路"为河南省快速发展提供了更广阔的人才、技术、资金等平台，这是河南省经济发展的重要机会。因此，在经济新常态背景下，河南省县域经济如何抓住机遇、缩小与发达地区经济差距、促进省内县域间协调发展成为当前研究的热点。

1.2　研究意义

1.2.1　理论意义

第一，长期以来，研究中国区域经济协调发展的文献很多，但专门分析欠发达的河南县域经济协调发展的文献却较少。本书以河南108个县域为分析的基本对象，利用社会网络分析、俱乐部趋同等方法深入研究了河南县域经济增长的空间关联及经济发展趋同俱乐部的空间分布及其演变，研究结论将为其他欠发达县域经济的协调发展提供借鉴。

第二，现有区域经济增长空间关联的研究方法忽视了网络分析和时间序列分析的结合。传统的空间计量方法研究经济增长的空间关联性，存在局限于经济地理学上"相近"或"相邻"的地区上研究经济增长的空间关联问题的缺陷。而网络分析方法虽然能够弥补这一不足，却在网络关系矩阵的构建上存在弊端，多数文献采用的引力模型之类的方法并不能真实反映区域间经济增长的多向关系。本书采用向量自回归因果关系检验（VARGRANGER）方法，将时间序列分析与网络分析结合起来，弥补了现有方法的不足。

第三，现有俱乐部趋同的研究大多关注某个单一指标，而新时代经济高质量发展要求将这方面的研究扩展到经济发展综合指标。本书从人口、收入、产业结构、地方政府干预、金融水平、教育水平、医疗水平等方面构建测度经济发展的指标体系，并将主成分分析得到的综合得分作为区域分组的重要依据，为经济发展俱乐部趋同的研究提供了重要案例。

第四，现有俱乐部趋同的研究忽视了对未来状态的预测。本书利用马尔可夫转移概率矩阵构建线性方程组，合理地预测了未来各县域经济发展的类型，为县域经济协调发展路径的设计提供了重要参考。

1.2.2 实践意义

河南县域经济发展水平较不均衡，低经济水平县域数量较多，经济水平相对较好县域较少。如何快速提高低水平县域经济发展？从哪些方面着手？本书在精确分析的基础上，对影响河南县域经济发展水平的因素进行了分析，找到关键影响因子，并提出合理建议，以便河南县域更好地抓住经济新常态这一重要机遇，缩小与发达地区的经济差距，促进河南县域经济协调发展，从而提高河南省县域整体经济水平。

此外，本书将依据各板块经济联系的不同特征，在构建产业发展带、注重县域新型城镇化发展、注重政策的公平性、积极培育增长极、辐射带动周边地区、加固优势产业打造完整的产业链等方面设计河南县域经济协调发展的路径。特别地，对河南县域的分析对其他欠发达地区具有重要的参考价值。

本书将为河南省及其他欠发达地区未来的区域经济发展提供科学合理的模式，为各级政府部门缩小区域经济差异、实现协调发展提供决策参考。

1.3 研究内容

本书的主要内容安排如下：

第1章，绪论。本章简要介绍本书的研究背景、研究现状、研究意义、主要内容、研究方法、学术创新及学术价值。

第2章，文献综述。本章主要从区域经济协调发展、区域经济增长趋同及区域经济增长空间关联三个方面对现有国内外文献进行综述，并特别综述了有关河南省的研究，指出了现有研究存在的问题。

第3章，研究方法。本章详细介绍了本书主要采用的马尔可夫及空间马尔可夫、空间网络分析，以及有序响应 Logit 模型。

第4章，区域经济联系格局及影响因素研究。

第5章，河南区域经济发展趋同俱乐部空间格局及其演变分析。

第6章，河南省水资源利用时空特征及效率分析。

第7章，河南省大气污染现状与防治分析——以郑州市为例。

第8章，提出河南区域经济协调发展的路径如下：第一，将区域空间关联作为区域协调发展的重要决策变量。第二，加强城市间的集聚效应，引导各城市之间相互竞争与合作，重点发展中原城市群。第三，抓住新常态机遇，逐步缩小河南县域两极差距。第四，河南县域经济发展应打破传统地理邻居局限，实现空间经济互动网并逐渐加强，最终形成经济共同体。第五，加强政府宏观调控，推进公平，提高效率，制定梯度型区域政策，改善低、中低收入层次趋同俱乐部经济发展的政策环境。第六，精准把握乡村振兴的时代要求，提高农业体系质量，推进新型城镇化进程。第七，积极发挥地方优势，调动地区内部发展要素，把握"一带一路"新机遇，筑建对外开放高地。第八，保护水资源，提高水资源的利用率。第九，防止环境污染物的大量排放，提高当地环境质量。

1.4 研究方法

第一，在研究中原城市群及河南县域经济增长关联性的部分，在探索两区域的空间关联关系时，先建立两区域经济增长变量的 VAR 模型，接着通过格兰杰因果关系检验判断两区域之间是否存在空间动态关联。

第二，将各经济节点之间的联系作为分析单位，采用可视化社会网络分析软件 UCINET 计算测度指标，主要有网络密度、度数中心度等，并采用迭代相关收敛法迭代计算地区间经济联系矩阵的相关系数，识别区域经济联系网络的凝聚子群。

第三，采用有序响应 Logit 模型分析凝聚子群的形成机制。离散数据有着天然的排序，当因变量是有序的分类变量时，使用多项逻辑回归分析将无视数据的内在排序，因此本书使用有序回归分析方法。

第四，从人口、收入、产业结构、地方政府干预、金融水平、教育水平、医疗水平等方面构建测度经济发展的指标体系，并将采用主成分分析得到的综合得分作为区域分组的重要依据。

第五，采用马尔可夫链、空间马尔可夫链等方法计算不同邻居情形下的概率转移矩阵，并利用求解线性方程组的方法预测未来的区域发展状态。

第六，采用经验正交函数分解（EOF）方法研究水资源利用情况的时空演变，并进一步利用格兰杰因果关系检验分析河南省水资源利用效率与经济增长之间的关系。

第七，采用空间插值、斯皮尔曼相关性分析及灰色相关性分析等方法研究郑州市空气质量变化特征。

1.5　主要创新

第一，在研究内容上，对河南县域经济协调发展路径的研究丰富了现有区域经济协调发展研究的案例。河南省作为中国内陆人口大省，劳动力、自然资源等传统要素资源丰富，技术、管理及资金等创新要素、高端要素不足，其主要人均指标低于全国平均水平的状况一直没有改变。大量研究表明，伴随着经济的快速增长，河南省内的经济差异总体上呈现扩大的趋势，两极分化现象突出，协调发展任务艰巨。因此，具有较大经济差异的河南各区域如何在新常态的背景下协调发展已经成为迫在眉睫的现实问题，但现有的相关研究较少。

第二，在研究方法上，基于社会网络分析和俱乐部趋同分析河南县域经济协调发展是本书与现有研究的主要不同之处，具体体现在：①以 VARGRANGER 因果关系检验结果为基础构建河南县域经济增长的关系矩阵。②采用网络分析方法分析河南县域经济增长空间关联格局及其演变。③采用有序响应 Logit 模型进一步分析河南县域经济增长空间关联网络不同板块形成的影响因素。④采用格兰杰因果关系检验判断经济邻居。⑤对比了地理邻居、经济邻居，以及地理和经济的综合邻居等不同情形下，河南县域经济增长俱乐部趋同演变的不同。

第三，在研究结论上，本书发现了河南县域经济增长的不同板块、这些板块之间的传导机制，以及河南县域经济发展趋同俱乐部的空间分布及其演变，另外还对比分析了不同类型的邻居对县域经济发展趋同俱乐部类型演变的影响。本书设计的县域协调发展路径是基于经济增长关联和经济发展趋同俱乐部的实证分析的，更加符合河南县域的发展情况。

1.6　突出特色

第一，现有经济增长空间关联的文献有关欠发达省份的研究不多，特别是有关河南省的较少，在经济新常态和"一带一路"倡议下，这部分县域较有可能成为新的增长点，应该受到更多的关注。此外，有关空间分布格局的研究多而有关其影响因素的分析较少。本书不仅分析了河南县域经济增长的空间网络关联特征，而且进一步研究了不同板块形成的影响因素。

第二，本书引入经济空间近邻要素，采用格兰杰因果分析法，对河南 108 个县域间的经济互动强度进行分析，并根据分析结果，建立空间马尔可夫概率转移矩阵，与传统地理位置近邻的空间马尔可夫概率矩阵结果进行对比，更为准确地反映出河南 108 个县域经济协调发展情况。

　　第三，目前对河南县域经济协调发展的相关文献，在分析结果的基础上提出了对未来河南县域经济协调发展的建议，但是缺乏对未来河南县域经济发展水平的预测。本书在马尔可夫转移概率矩阵的基础上构建线性方程组，预测了未来不同类型趋同俱乐部的概率，为进一步制定河南县域经济协调发展的路径提供了数据支撑。

2

文献综述

2.1 区域经济协调发展相关文献

2.1.1 国外文献

协调度是反映区域间或区域内经济发展现象的直观标准，无论是发达地区还是欠发达地区，区域内都有协调与不协调地区，而发达地区与欠发达地区间经济协调程度较低。国外关于区域经济协调发展的研究较为成熟，发达地区及欠发达地区表现出的程度并不相同，影响区域内及区域间经济协调发展的因素也不同，建议协调发展的路径也不相同。

发达地区以欧洲、美国为例。中欧和东欧国家的经济协调度主要表现为三个层面：第一是区域内部与区域外围间协调度，第二是区域中心与中东欧国家（CEECS）间的协调度，第三是欧盟与 CEECS 间的协调度（Masahiko Yoshii，2010）。经济危机后，欧盟范围扩大，但是经济差距也逐渐扩大，导致经济协调度降低。Maria Daniela Otil（2016）认为，欧盟缺乏适当的区域协调发展政策，导致金融工具效率降低，这对欧盟内经济欠发达地区的影响是最大的，并采用胡佛指数及变异系数对欧盟内部经济差距进行测算，发现部分国家内部经济不协调现象具有周期性，政策是促进欧盟内部欠发达地区与发达地区经济协调发展的主要方法。Biswajit Banerjee 和 Manca Jesenko（2015）通过时间序列法对中欧斯洛文尼亚地区研究认为，该地区国内生产总值和劳动利用率差距扩大，发达地区与欠发达地区国内生产总值及劳动利用率随机收敛，主要影响因素为欠发达地区社会转移及区域间通勤等，并建议通过资本深化和提高全要素生产率来提高劳动生产率，消除经济不协调现象。Tomohito Okabe 和 Timothy Kam（2016）通过经济和政治调查数据分析，发现资本要素是美国各州经济增长的主要动力，而政治分布协调度反映出地区经济增长的协调度，并建议从资本、劳动及政治三个层面推进经济协调发展。Marcus Gumpert（2016）基于李嘉图模型重新将发达地区与欠发达地区经济不协调现象进行对比分析，发现技术对区域经济影响较大，有利的新技术对技术落后地区经济发展有更大的推动性，并建议在欠发达地区引进新技术，以推动经济协调发展。而欠发达地区经济不协调现象存在的普遍性高于发达地区，以非洲为例，欠发达地区实现经济协调发展的主要目的是消除贫困，因此，欠发达地区仍将保持较高的经济增长率，并建议从通货膨胀、政府支出、贸易开放、人力资本、金融发展水平等方面提高经济效益，缩小与欠发达地区间的经济差距（Monaheng Seleteng and Sephooko Motelle，2016）。

2.1.2　国内文献

国内许多学者采用不同方法、从不同层面对区域经济协调发展进行研究。张祥瑞等（2013）采用因子分析及层次聚类分析法，对临汾市 17 个县域经济发展进行研究，并将 17 个县域经济划分为三种类型，发现县域间协调度不一，提出从政策方面因地制宜地促进经济协调发展。卢柳叶等（2012）同样采用聚类分析法对山西省 107 个县域经济进行划分，发现研究期内，山西省县域间经济发展协调度逐渐上升，贫富差距有所缩小。文建东等（2012）采用主成分分析法，对中国东、中、西部 49 个县域经济增长质量进行实证分析，结果表明，我国地区间经济增长质量不协调，进一步表现为经济结构不协调，并指出，落后地区应首先促进经济增长。刘自强等（2013）采用莫比系数对宁夏经济发展程度及主导产业发展程度进行划分，并将结果结合来评判经济发展类型，结果表明，宁夏四个类型区域的发展路径具有相对一致性，协调度较高。乔志霞等（2013）、杜挺等（2014）、宫小苏等（2015）均建立经济发展综合评价体系对区域经济发展进行研究。其中，乔志霞等（2013）对甘肃省 21 个县域经济发展进行研究，发现研究范围内经济水平主要呈现河西高—中南部低的不协调现象，并建议不同民族发展不同经济来消除这一现象；杜挺等（2014）对重庆市县域经济进行空间分析，发现重庆市县域东西经济发展不协调，东北与东南地区经济发展严重滞后；宫小苏等（2015）对安徽省各县域经济发展进行评价分析，发现安徽省县域经济发展不均衡，建议各县域应主抓自身优势产业来促进经济协调发展。余昌颖（2014）采用 DEA 法分区域、分层次对福建省原中央苏区经济发展效率进行研究，结果表明，研究区经济发展效率整体协调，区内地区间经济仍有不协调现象。陈红娟等（2016）通过建立水平测度体系对河北省县域经济发展进行研究，结果显示河北省区域经济发展存在南北不协调现象，但整体经济集聚效应减弱，经济发展逐步走向均衡。胡锦程等（2012）以滇中 42 个县域为研究对象，建立协调评价度，结果表明，研究区内，县域经济发展协调度与水资源协调度呈正比，研究期内总体经济发展协调度呈波浪态，建议政府加强政策实施，以促进经济协调发展。刘亚等（2016）采用 ESDA 法对中原经济区县域经济发展进行测度，研究发现，中原经济区县域经济发展不均衡。贺亚峰等（2012）通过标准差等方法对中原经济区经济发展进行研究，发现整体经济协调度呈不规则分布，中低水平县域普遍与中高水平、高水平经济地区存在差距。崔长彬等（2012）、张伟丽等（2016）采用趋同分析法对经济发展进行研究。张伟丽通过俱乐部趋同方法，对中国 329 个地区进行研究，结果表明，东部沿海发达地区与中西部部分省会及资源发达型城市耦合形成趋同，这一现象反映出中国发达地区与欠发达地区经济差距较大，而省会与省内其他城市间经济发展不协调。纵观国内区域协调发展相关文献，无论是国内发达地区还是欠发达地区，均存在经济不协调现象，尤其是欠发达地区，如何缩小与发达地区间的经济差距一直是学者们研究的热点。

2.1.3　有关河南区域经济协调发展的研究

河南省经济水平一直滞后于全国平均水平，作为欠发达地区，河南省县域经济发展与国内发达地区（广东、浙江、江苏等）差距较大，县域经济发展水平差异更能精确地反映出区域间经济差异（Chen B. Z. and Yi F., 2000）。目前，众多学者从不同角度对河南省县域经济发展进行了研究，对河南省县域经济协调发展具有重要价值。余萱和李二玲（2014）认为，随着城镇化进程的加快，农村劳动力流失现象加剧，现有农村劳动力不足，同时城镇化质量不高，农村经济处于不公平竞争中，城乡收入差距逐渐加大，进一步导致城乡发展不协调。何孝沛等（2014）通过对河南省县域城镇化发展水平进行测度，发现河南省县域城镇化发展速度较慢，存在西高东低的区域差异，城镇化率较高的地区分布在河南西北部及京广铁路沿线地区。王飞（2015）认为，河南省豫北农业地区金融发展水平内部差异较小，豫东地区内部金融水平较不协调，在空间上呈现较显著的金融依赖性。许淑娜（2013）认为，河南省县域经济在空间上呈现东西差异大、南北差异小，东西经济差异趋势扩大、南北差异逐渐缩小的现象，说明河南省县域经济发展不平衡。高卷和罗芳（2014）对河南省县域经济社会发展水平进行了评分与排名。郭子龙（2014）认为，河南省豫中、豫西、豫北地区发展水平较好，豫东、豫东南经济发展水平较差，整体经济发展不协调。邵留长等（2016）采用主成分分析法对河南省县域经济综合实力进行分析，发现河南省县域经济西部强于东部、北部强于南部。丁志伟等（2015）从市、县、镇三个尺度对信阳市经济发展水平变化进行研究，发现信阳市县域经济水平提高，但镇域经济差距逐年增大。

上述文献无论是从城镇化差异、金融水平差异角度，还是县域经济差异角度，都反映出河南省经济发展不协调，而且，仅将河南省划分区域，进行省内区域经济对比，缺乏与省外其他发达地区经济差异及协调度的对比。由于各类县域的产业发展阶段、经济增长点和所处的经济周期等均存在差异，当某些县域的经济面临调整的时候，另一些县域可能正处于经济发展的较好时期，因此，不同类型县域间发展水平的梯度差异就有可能逐渐转变为持续推动河南省经济增长的重要力量。即省份县域的经济发展具有异质性，存在发展阶段的差异，因此，就存在把各类县域发展的快速发展阶段进行"组织"的可能性。经验表明，一个区域的快速发展阶段有 10~30 年的时间。这样，可以通过使不同类型县域的快速增长周期进行有序的衔接来延长省份的快速增长周期。从全国来看，受自身经济结构问题、要素和资源环境约束、国际金融危机冲击等综合影响，珠三角、长三角、环渤海等沿海发达地区进入了经济增速减缓和结构调整阶段，逐渐失去推动全国经济持续较快增长的功能，而内地部分省份则进入了快速增长阶段。河南县域经济发展也存在类似的情形，因此，如果能够合理组织不同县域的快速增长阶段就可以促进河南经济的持续增长。

　　张竞竞等（2013）从城市发展水平和乡村发展水平两个方面构建河南省县域城乡协调发展评价指标体系，并建立协调度模型，采用空间自相关法对河南省城乡协调度进行测度，发现河南省县域协调发展程度明显存在区域分异，协调度与区域经济水平有很大相关性。姚丽和谷国锋（2014）采用 Moran's 指数及 OLS 估计残差对河南省县域经济发展水平进行测度，发现投资、产业结构是影响河南省县域经济发展的主要因素。彭翀和王静（2014）以河南省县域人均 GDP 及城镇人口规模为指标，揭示了河南省县域经济在空间上呈非均衡状态。段小微等（2014）通过变异系数、Theil 指数、标准差、基尼系数和空间自相关分析，对河南省县域经济差异进行分析，提出在研究区域经济差异时应以长期差异变化趋势为研究基础，并建议在测度区域经济差异时，应根据区域属性采取不同的测度方法。李晶晶和苗长虹（2017）从人口流动角度对长江经济带县域经济进行分析，发现人口流动导致的劳动力流失对区域经济差异有一定的影响，并建议吸引劳动力回流，缩小区域间经济差异。韩峰和李二玲（2015）通过构建城乡协调发展评价指标体系，发现中原经济区城乡协调在空间上差异明显，南方县域城乡协调水平低于北方，不同区域行政层次对区域城乡协调发展具有一定的影响，且不同区域影响城乡协调发展的主要因子存在一定的差异。

上述文献多数以构建经济发展水平评价体系为主，但其指标的选取不一，其中以人均GDP、产业值增量或占比、地区生产总值等经济、社会指标居多，部分不同，难以形成统一的评价指标体系，指标耦合成一个综合指标的同时损失了有关区域类型划分的有价值的信息，因此，得到的类型划分结果均不十分合理。县域经济增长是县域经济发展水平的直观指标，因此县域经济发展离不开县域经济增长，在进行县域经济类型划分时，既要考虑经济总量又要考虑增量；在进行类型划分时，必须考虑空间因素，县域经济发展是基于前一阶段的经济发展情况再次发展的，排除人为因素，最好采用数据驱动方法。

张改素等（2013）运用时序主成分分析法，对分析结果进行聚类划分，发现河南省城乡统筹分为稳步上升阶段和波动上升阶段，说明河南省城乡差异较大，城乡一体化发展有待深入解决。河南省区域经济绝对差异不断增大，相对差异呈波浪式趋势（张小静等，2014），反映出河南省经济波动明显，整体差异较大，区域间相对差异呈波动状态。宋利利等（2016）对河南省1993~2013年县域农民收入和经济发展进行分析，发现研究期间，河南省农村居民人均纯收入差异先缩小后扩大，2004年后整体平稳，且农民收入与经济发展协调度较低，局部地区差异较为明显。李胭胭和鲁丰先（2016）认为，河南省经济增长质量虽然逐年上升，但是省内区域经济增长质量两极分化较为严重，经济质量增长高的地区主要分布在河南省西北部，经济质量增长较低的地区大部分为河南省边缘外围县域。何纯伟等（2016）通过对河南省2005~2014年县域经济差异演变进行分析，发现河南省县域经济以减小—增大—减小趋势演变。胥亚男等（2015）通过空间自相关分析法，对中原经济区县域2000~2014年经济演变进行研究，发现中原经济区部分县域经济发展水平在空间上变动较大，尤其是省辖市，核心区域经济发展水平明显高于周边，呈核心—边缘状态。

张伟丽和张翠 (2016) 采用马尔可夫链分析了中原经济区下县域经济差异演变轨迹, 并根据各县域经济发展水平类型提出建议。李爽爽和苗丽静 (2016) 在采用空间马尔可夫链分析河南省 1995~2013 年县域经济差异演变的基础上, 采用时空加权预测模型, 对河南省县域经济未来的发展类型进行预测, 并根据预测结果, 有针对性地提出缩小区域内及区域间经济差异的建议。县域经济发展是一个动态过程, 县域经济未来发展是在现有的经济基础之上再次进行发展, 若能够预测县域经济未来的发展或者变动范围, 对河南省经济稳定发展、城乡协调发展等具有重要意义。

2.1.4　现有研究存在的问题

现有研究存在以下几方面问题:

第一, 缺乏考虑经济空间邻近因素。目前, 有关文献对河南县域经济协调发展进行研究, 少数加入地理邻近因素, 却未引入空间邻近因素。地理意义上的邻近对县域经济增长产生一定的作用, 周边经济环境对县域经济发展具有一定的影响, 那么经济空间上的邻近是否对县域经济发展具有一定的作用呢? 是否与地理意义上的邻近表现相同? 本书引入经济空间邻近要素, 采用格兰杰因果分析法, 对河南 108 个县域间的经济互动强度进行分析, 并根据分析结果, 建立空间马尔可夫概率转移矩阵, 与传统地理位置邻近的空间马尔可夫概率矩阵结果进行对比, 更为准确地反映出河南 108 个县域经济协调发展情况。

第二, 有关区域内经济发展水平测度及经济发展类型划分没有统一的标准。相关文献多数以构建经济发展水平评价体系为主, 但其指标的选取不一, 其中以人均 GDP、产业值增量或占比、地区生产总值等经济、社会指标居多, 部分不同, 难以形成统一的评价指标体系, 指标耦合成一个综合指标的同时损失了有关区域类型划分的有价值的信息, 因此, 得到的类型划分结果均不十分合理。县域经济是县域经济发展水平的直观指标, 因此县域经济发展离不开县域经济增长, 在进行县域经济类型划分时, 既要考虑经济总量又要考虑增量; 在进行类型划分时，必须考虑空间因素，县域经济发展是基于前一阶段的经济发展情况再次发展的，排除人为因素，最好采用数据驱动方法。县域经济发展是一个动态过程，县域经济未来发展是在现有的经济基础之上再次进行发展，若能够预测县域经济未来的发展或者变动范围，对河南县域经济稳定发展、城乡协调发展等具有重要意义。

第三，缺乏对未来经济发展水平的预测。目前有关河南县域经济协调发展的相关文献，在分析结果的基础上提出了对未来河南县域经济协调发展的建议，但是缺乏对未来河南县域经济发展水平的预测。

2.2 区域经济增长趋同相关文献

当今世界，多数国家持续加大的经济不平等已经成为社会不安定的一个重要因素，并制约了落后区域的发展。学者们都在探索落后区域是否能够追赶上富裕区域，如果能，落后区域如何追赶上富裕区域等，对这些问题的探索形成了区域经济增长俱乐部趋同研究的主要领域。俱乐部趋同能够更好地描述区域经济增长总体上趋异而局部趋同的现象，而这恰恰与现实世界中贫穷区域和富裕区域各自集聚的现象相符，因此，如何准确地识别俱乐部趋同并进一步解释其形成和演化机制已经引起学者和政策制定者的广泛关注。

特别地，自 1978 年改革开放以来，中国持续了 40 多年的高速增长，成为世界第二大经济体，然而，近年来中国 GDP 增长速度由 2007 年的 14.2% 降至 2015 年的 6.9%，中国经济已经进入一个"新常态"阶段，其突出表现就是发达区域经济增长减缓，而部分欠发达区域经济增长开始发力。那么，这是否意味着中国已经进入欠发达区域追赶发达区域的黄金时期呢？欠发达区域如何才能追赶上发达区域呢？对这些问题的回答迫切需要中国区域经济增长俱乐部趋同的相关研究。

然而，自 Barro 和 Sala-I-Martin 提出"俱乐部趋同"的概念已经过去了 20 多年，其间伴随着研究视角由起初的不考虑区域间相互关系，发展到重视区域间的相互影响，俱乐部趋同假说的检验方法也得到了改进，但俱乐部趋同研究仍然在什么是俱乐部趋同、如何检验俱乐部趋同假说，以及是什么因素导致了俱乐部趋同等问题上存在争论。目前的相关研究仍然处于检验俱乐部趋同假说的初级阶段，少数文献进一步分析了俱乐部趋同形成的影响因素，下面将主要从这两个方面对现有文献进行综述。

2.2.1 俱乐部趋同假说检验方法

虽然俱乐部趋同研究已经成为学术界的一个重要领域，但是俱乐部趋同假说的经验检验却没有公认的统一方法，无论是新古典增长理论还是新增长理论都没有明确地指出如何检验俱乐部趋同假说。在实际的检验过程中，绝大多数学者遵循着区域分组—趋同检验的两步法，只有少数研究将这两个步骤合二为一。

2.2.1.1 区域分组

区域分组是俱乐部趋同假说经验检验的第一个步骤，分组的目的就是找到符合俱乐部趋同概念中"初始条件和结构特征相似"的区域，这些区域极有可能发生俱乐部趋同。目前文献中常用的区域分组方法可分为外生的和内生的两大类。

所谓外生的区域分组方法就是按照事先确定的规则划分区域组，比如根据初始人均收入水平、产业所占份额、人力资本水平或者受教育程度等指标的临界值对区域进行划分。这种方法的优点是简单易行，但是缺陷十分明显，即采用不同的指标或者不同的临界值将会得到不同的区域分组结果。因此，现在多数文献采用内生的区域分组方法。

内生的区域分组方法主要有分类回归树分析、等级聚类算法，以及探索性空间数据分析。其中，分类回归树分析和等级聚类算法能够构建反映"初始条件和结构特征相似"的指标体系，并根据这一指标体系内生地进行区域分组，这样得到的区域组能够更好地满足俱乐部趋同的区域限定。但是，这两种方法常常忽略了空间因素在区域分组中的影响，而探索性空间数据分析恰恰弥补了这一缺陷，但探索性空间数据分析通常是根据单一指标进行分组，因此三种内生的区域分组方法均不完美。

2.2.1.2 趋同检验

俱乐部趋同假说的第二个步骤就是在同一区域组内进行趋同检验，相比区域分组方法，趋同检验的方法更加丰富，而且其选择主要受两个因素的影响：其一是俱乐部趋同概念的界定，其二是技术同质性假定。围绕这两个关键因素发展起来不同的趋同检验方法。

（1）俱乐部趋同概念的界定。Barro 和 Sala-I-Martin 提出俱乐部趋同的经典定义，即俱乐部趋同是指在经济增长的初始条件和结构特征等方面都相似的区域之间发生的相互趋同。这一定义产生了用于检验俱乐部趋同假说的横截面回归方法，即验证初始人均收入和增长率之间的负相关关系，然而，横截面回归方法易陷入 Galton 谬论，得到有偏的、无效的估计。面板数据分析方法能够部分解决上述问题，但是该方法也存在小样本偏差、短频率、个体效应和解释变量的相关性等缺陷。而且，如果技术进步是随机的，即使潜在的经济过程是趋同的，但是得到的人均收入有可能是发散的。

Galor（1996）提出，俱乐部趋同应该被定义为具有类似结构特征的区域组之间从长期来看趋同，这样，单位根检验方法就被提出来检验人均收入差异序列的稳定性。这一方向由时间序列单位根检验发展至面板单位根检验。然而，如果区域之间趋同，但是研究时期普遍存在转型动态，那么这些单位根检验将无法探测到趋同的趋势。

上述俱乐部趋同的概念均忽略了空间效应，新经济地理学者的研究表明，忽视空间依赖将导致无效的、不可信赖的统计推断，因此，俱乐部趋同假说检验的空间计量方法发展了起来。但是，空间权重矩阵的选择将影响结果的稳健性，不同的空间权重矩阵下得到的空间趋同俱乐部有较大的差异。

同样重视空间效应的 Quah（1996）提出，增长分布动态是研究俱乐部趋同的一个有效方法，该方法通过考察人均收入的分布密度来推测是否存在俱乐部趋同。这一方向由马尔可夫链发展到空间马尔可夫链、随机 Kernel 密度估计，以及加权随机 Kernel 密度估计等。这些方法虽然避免了内生变量的估计偏差和个体之间的相关性等问题，但是绝大多数文献采用外生的区域分组方法进行区域组划分。而且，分布密度图双峰或多峰并不是俱乐部趋同存在的必要条件。

（2）技术同质性假定。上述俱乐部趋同假说检验的方法均忽视了一个重要事实，即区域之间普遍存在技术异质性，而是假定区域之间的技术是同质的。现实中，如果考察的区域单元之间技术进步是异质的，那么技术同质的假定将导致不一致的参数估计。而且，俱乐部趋同的产生就是由于经济发展模式的不同，而这是与技术异质紧密相关的。或者说，正是由于技术的异质性才有可能形成不同的趋同俱乐部。因此，俱乐部趋同假说的检验必须考虑技术的异质性。

Phillips 和 Sul（2007，2009）提出采用非线性时变因子模型（Nonlinear Time-varying Factor Model）来检验俱乐部趋同假说，该模型允许不同区域及不同时段之间存在技术异质，而且该方法将区域分组和趋同检验两个步骤合二为一，即在区域分组的同时进行了趋同检验，这样就大大提高了俱乐部趋同识别结果的稳健性。此外，它的优势还表现在同时测算出趋同的速度和趋同的程度，而且，该模型本身是非线性的，避免了线性假定的弊端。Venus 和 Yusuf（2009）曾经用芬兰的数据比较了线性方法和非线性方法，发现非线性方法更适合俱乐部趋同分析。

正是由于非线性时变因子模型的独特优势，该模型一经提出便得到了大量运用。Von 和 Thoennessen（2016）运用该模型研究了欧洲区域之间的人均收入俱乐部趋同，并发现四个趋同俱乐部，Borsi 和 Metiu（2015）得到了类似的结论。Martin 和 Vazquez（2015）运用该模型发现 1950~2008 年拉丁美洲各国之间存在三个收入趋同俱乐部。Ghosh 等（2013）将该模型运用于印度产业趋同的分析中。

2.2.2 俱乐部趋同形成的影响因素

在发现了俱乐部趋同的存在性后，一些学者开始探索俱乐部趋同是怎样形成的，对俱乐部趋同的解释集中在初始条件、结构特征、地理位置、空间溢出效应、政府对经济的干预，以及制度质量等。

本书认为，应该结合研究对象的发展阶段去分析俱乐部趋同的影响因素，即处于不同发展程度的样本其俱乐部趋同形成的影响因素是存在差异的。因此，下面将分别从世界经济体、发达经济体和欠发达经济体三个层次总结现有研究。

从世界经济体来看，受教育水平、物质资本投资、开放度、贸易、外商直接投资的流入、财政发展水平、通货膨胀率、政府消费支出及总人口等是俱乐部趋同形成的主要驱动因素。Quah（1996）采用随机Kernel密度估计分析了不同国家之间的趋同，发现平均受教育年限、物质资本投资和非洲大陆虚拟变量等部分解释了俱乐部趋同的形成。Papalia和Bertarelli（2013）采用两步法分析了1965~2008年87个国家的俱乐部趋同，并发现存在的四个俱乐部趋同是由人力资本回报率决定的，同时，开放度、财政发展水平和通货膨胀率也影响了俱乐部趋同的形成。Choo等（2013）得到了类似的结论，他们对比了欧洲和亚洲1960~2009年的收入趋同，发现欧洲和亚洲各自形成了趋同俱乐部，而通货膨胀率、贸易、外商直接投资的流入、总人口，以及政府消费支出等导致了不同的趋同俱乐部。

从发达经济体来看，现有俱乐部趋同形成的影响因素主要集中在初始条件、结构特征、地理位置和空间溢出效应。Deardorff（2001）认为，欧洲趋同俱乐部的形成主要源于专业化和国际贸易，De Siano和D'Uva（2006，2007）得到了相同的结论。Brida等（2014）通过对意大利1970~2004年的分析发现，经济体的结构特征产生了不同的趋同俱乐部。Heckelman（2014）则认为美国各州趋同俱乐部的形成主要是由于资本劳动比率的改变、农业部门的规模和税收水平。Baumont等（2003）认为欧洲俱乐部趋同的形成是与空间异质性和地理溢出效应紧密相关的，Borsi 和 Metiu（2015）得到了类似的结论。Von 和 Thoennessen（2016）的研究更为全面，他们认为欧洲各区域之间俱乐部趋同的形成受到了初始条件、结构特征和地理因素等的影响。

从欠发达经济体来看，除了上述发达经济体中提到的因素之外，经济政策、政府对经济的干预，以及制度质量等也影响了俱乐部趋同的形成。由于欠发达国家内的各区域之间尚未形成以空间为基础的互动网络，因此，空间溢出效应不一定在俱乐部趋同的形成中发挥作用。Wahiba（2015）分析了非洲各国的趋同，发现促进区域之间合作的经济政策在趋同俱乐部的形成过程中发挥了至关重要的作用。Martin 和 Vazquez（2015）认为制度质量是拉丁美洲各国之间形成俱乐部趋同的关键驱动因素。

2.2.3 有关中国俱乐部趋同的研究

国外文献中对中国区域经济增长绝对趋同和条件趋同的研究较多，而专门分析中国俱乐部趋同的较少。

一方面，绝大多数学者认为中国存在 2～3 个趋同俱乐部。Hao（2008）采用平稳性检验方法分析 1985～2000 年中国 30 个省份的人均收入趋同，发现中国存在贫穷和富裕两个趋同俱乐部，Fredrik 等（2013）得到了类似的结果。Cheong 和 Wu（2013）采用分布动态方法分析了 1997～2007 年中国 22 个省份人均收入趋同，发现中国存在东部、中部和西部三个趋同俱乐部。

另一方面，一些学者认为中国存在更多的趋同俱乐部。Westerlund（2013）采用顺序检验法研究了 1952～2007 年中国 28 个省份之间的成对趋同，发现除了一个趋同俱乐部包括三个省份之外，其余省份形成了 14 对趋同俱乐部。Liu 和 Wang（2010）采用时间序列单位根检验方法分析了中国 25 个省份的收入趋同，发现改革开放前中国存在 13 个渐近趋同俱乐部，改革开放后中国存在 11 个渐近趋同俱乐部。

上述分析都是在技术同质的假定下进行的，一些学者提出中国省份之间的技术进步是异质的，因此，非线性时变因子模型适合中国案例的分析。Herrerias 和 Ordoñez（2012）运用该模型研究了中国 28 个省份 1985~2000 年的人均收入、劳动生产率和资本密度等方面的俱乐部趋同，并发现存在 5 个人均收入趋同俱乐部。Tiana 等（2016）采用相同的方法分析了中国 31 个省份 1978~2013 年的人均收入趋同，并发现两个趋同俱乐部。

还有少量文献对中国的俱乐部趋同影响因素进行了分析，其解释集中在结构特征、政府政策、对外开放程度、市场化改革及政府干预等。如 Tiana 等认为结构特征和政府对经济的干预形成了中国的两个趋同俱乐部。而 Herrerias 和 Ordoñez 提出资本深化是中国各省份人均收入形成俱乐部趋同的重要动力。Hao 认为中国俱乐部趋同的形成是与政府政策紧密相关的。然而，Maasoumi 和 Wang 则提出政策优惠程度并不能解释中国俱乐部趋同的出现，Westerlund、Liu 和 Wang 得到了类似的结论。Lin 等发现在中国富裕趋同俱乐部和贫穷趋同俱乐部形成的影响因素不同，富裕趋同俱乐部的形成主要得益于开放政策和市场化改革，而较差的基础设施条件和滞后的市场化改革导致了贫穷趋同俱乐部的形成。

国内文献在区域分组方面，大多采用外生的区域分组方法，即中国的政策区域划分，或者人为地设定初始人均收入的阈值等。在趋同检验方面，大多利用截面回归、面板数据分析或单位根检验等方法。得到的结论也存在一定的差异，多数利用截面回归和面板数据分析的文献得到的结论为东、中、西三大区域内部，或者东部和西部，或者沿海、内陆内部存在俱乐部趋同；而利用单位根检验方法的文献得到的结论则一般为东部存在俱乐部趋同，而中、西部均不存在俱乐部趋同。

近年来，从空间计量的角度考察中国区域经济增长趋同的文献逐渐增多，但多集中在对中国省份的分析，而且多为绝对趋同和条件趋同分析，专门分析俱乐部趋同的较少。如陈得文和陶良虎（2012）采用修正后的 G 统计量和空间滞后模型发现 1978~2010 年中国 30 个省级单元存在中心、次级及外围三个空间俱乐部。朱国忠等（2014）运用空间动态面板数据模型分析了 1952~2008 年省级人均 GDP 的趋同，发现中部和西部地区形成了两个空间趋同俱乐部。余泳泽（2015）分别考察了地理距离权重矩阵和经济距离权重矩阵下，中国省际全要素生产率的空间趋同，发现东部、中部和西部三大地区内部存在显著的空间俱乐部趋同。而张伟丽等（2011）将俱乐部趋同的研究对象扩展为 329 个地级行政单元，发现了贫穷和富裕两个空间趋同俱乐部。

另外，国内也有一些文献采用增长分布法分析区域经济增长俱乐部趋同，其研究对象多为省份之间或者同一省份内部各地市或县，得到的结论也不尽相同。傅晓霞和吴利学（2009）认为 1978~2004 年我国各省份的劳均产出逐步呈现双峰分布，而李建平和邓翔（2012）的研究则发现我国省区人均 GDP 整体上呈现出单峰分布形态。陈培阳和朱喜钢（2013）将地域单元进一步细化到中国 2000 多个县，结果发现县域经济增长存在明显的俱乐部趋同。

国内影响因素研究方面文献较少，而且多为零散的分析。沈坤荣和马俊（2002）认为人力资本、外贸依存度、工业化进程及地区虚拟变量等都显著地解释了俱乐部趋同的形成。林毅夫和刘培林（2003）认为是否符合比较优势的发展战略影响了东部、中西部俱乐部趋同的形成。徐现祥和舒元（2005）则认为正是由于沿海与内地之间在物质资本积累上存在"看不见的"逐渐扩大的"鸿沟"，才出现了俱乐部趋同。覃成林和张伟丽（2009）的研究则表明，市场化水平和区域政策是影响俱乐部趋同发生的重要因素。马颖和李静（2012）发现金融发展差距每缩小 1%，区域间经济增长差距缩小 0.214% 左右，因此，金融发展是促进趋同的重要因素。黄安胜等（2014）则认为，发达地区和落后地区生产要素投入水平的差异是影响趋同的重要因素。

还有一些学者从空间的角度分析俱乐部趋同的影响因素，多集中在空间依赖、空间异质、空间溢出效应、城镇化外溢效应、财政分权及交通通达性等方面。如陈得文和陶良虎（2012）研究发现空间依赖水平的差异形成了不同的空间趋同俱乐部，中心区域组与次级区域组之间存在较强的正的空间依赖性，而次级区域组和外围区域组之间却以负的空间依赖为主。覃成林等（2012）通过对 1990~2007 年长江三角洲区域经济增长的分析证实了空间俱乐部趋同的产生机制是空间外溢促成区域经济的地方化增长。申云等（2014）采用空间误差和空间滞后模型对成渝经济区 44 个县（市、区）1997 年和 2011 年的数据进行了分析，发现城镇化的外溢有利于趋同的产生。而余泳泽（2015）认为，财政分权对中国省际全要素生产率（TFP）的空间俱乐部趋同具有重要的影响。殷江滨等（2016）分析了 1990～2012 年中国 273 个地级以上城市的增长趋同，发现东部、中部和西部地区形成的空间俱乐部趋同与城市间通达性的改善有着紧密关系。覃成林等（2015）则得出了不同的结论，他们认为从铁路交通来看，铁路交通的发展对不同地区铁路沿线城市经济增长趋同的影响存在差异，铁路交通的发展促进了东部地区和东北地区内的城市趋同，却阻碍了西部地区内的城市趋同，且对中部地区城市趋同的影响不确定。

2.2.4　有关河南区域经济增长俱乐部趋同的研究

针对河南省趋同俱乐部的研究，也有一些学者从非参数分析角度做出尝试。如李爽爽等（2015）曾利用马尔可夫链和空间马尔可夫链对河南省县域经济增长俱乐部分布格局进行的研究认为，河南县域经济增长存在四个水平趋同俱乐部，分析出高水平区域集中在河南的西北部地区，而低水平区域则集中分布在河南的东部即农业主产区地带。Weili Zhang 等（2019）通过非线性时变因子模型的方法对河南省县域水平进行研究，结果表明，河南省存在四个不同水平的趋同俱乐部，其中人均收入分散度随着时间的推移会减少。

2.2.5　现有研究存在的问题

现有研究主要存在以下问题：

（1）时间维度和空间维度的分离不利于揭示俱乐部趋同的本质属性。俱乐部趋同的本质主要体现在两个方面：其一，区域组内相互趋同，不同组间趋异，这一属性使俱乐部趋同具有时间特性，即俱乐部趋同应该是一段时期内的趋同；其二，趋同发生在初始条件和结构特征相似的一组区域内，这一属性使俱乐部趋同具有空间特性，即俱乐部趋同是发生在一定的区域范围之内。只有同时满足时间属性和空间属性两个前提条件，才有可能产生俱乐部趋同。然而，目前国内外绝大多数文献对俱乐部趋同的理解存在时间维度和空间维度分离的情形，从时间维度进行分析的文献显然忽视了空间因素对俱乐部趋同的限定，而从空间维度进行分析的文献却忽视了空间因素之外其他重要因素对俱乐部趋同的影响，因此，将两者分离的做法无法全面揭示俱乐部趋同的本质属性及其形成和演变机制。

也有少数文献对时间维度和空间维度的耦合做了探索性的工作。张伟丽和覃成林（2011）首次提出时空耦合俱乐部趋同的概念，并利用省份数据研究发现这样的俱乐部趋同在中国是存在的。进一步，张伟丽（2015）采用时空加权马尔可夫链分析了中国 329 个地级市的俱乐部，结果发现存在低水平、中低水平、中高水平及高水平四个趋同俱乐部。但上述文献仅仅检验了俱乐部趋同假说，并没有进一步分析其形成及演化机制。张伟丽和覃成林（2016）的研究相对深入，他们不仅发现中国各地级市仅存在一个发展水平较高的时空耦合趋同俱乐部，还揭示了该趋同俱乐部的形成受到了历史因素和结构因素，以及空间相互作用、市场作用及政府作用的综合影响。但这些研究较为初步，一方面，忽略了技术的异质性在俱乐部趋同形成中的关键影响；另一方面，影响因素的分析并未实现时空的交互，更为重要的是，没有进一步剖析俱乐部趋同的演化机制。

（2）技术同质性假定导致了无效的参数估计。在分析俱乐部趋同假说时，绝大多数文献认为不同区域之间的技术是同质的，Phillips 和 Sul（2007，2009）提出转型经济体有自身的特点，其不同区域学习及利用技术的能力不同，因此，它们之间的技术进步应该是异质的，只有在技术异质的前提下检验俱乐部趋同，所得结论才能更加符合现实，而错误地假定技术是同质的，将得到无效的参数估计。

（3）区域分组—趋同检验的两步法俱乐部趋同假说检验方法降低了结果的稳健性。前文已经述及，不同的区域分组方法将得到不同的俱乐部趋同结果，而各种区域分组方法也并不完美，均存在自身的优势和劣势。采用首先区域分组，然后在同一组内进行趋同检验的方法来分析俱乐部趋同将很难得到一致的结论，大大降低结果的可信性和稳健性。

（4）缺乏俱乐部趋同影响因素的系统分析，且忽略因素之间的时空交互影响。现有俱乐部趋同影响因素的分析较为肤浅，多为几个简单因素的孤立分析，而且，采用的分析方法多为在传统的趋同检验方程中加入控制变量，这样做的缺陷主要体现在：其一，被解释变量是平均增长率，而不是属于某个趋同俱乐部的概率，因此，对俱乐部趋同形成的解释是间接的。其二，未将因素之间的时空交互影响纳入分析之中。前文已经述及，从时空耦合的角度研究俱乐部趋同是十分必要的，而实际上影响因素之间也存在时空交互作用，这些重要变量也将在俱乐部趋同的形成中发挥一定作用。

（5）缺乏俱乐部趋同演化机制的分析，无法解释某一区域进入或退出趋同俱乐部、新的趋同俱乐部形成及旧的趋同俱乐部解体、趋同俱乐部规模的扩大或缩小，以及趋同俱乐部经济发展水平上升或下降等。俱乐部趋同研究并不能止步于发现了趋同俱乐部、并解释了这些趋同俱乐部形成的机制，更关键的是寻找到打破现有趋同俱乐部、实现低水平趋同俱乐部向更高水平趋同俱乐部变迁的路径，即俱乐部趋同的演化机制，只有这样才能实现不同发展水平的趋同俱乐部之间的融合，并最终实现协调发展。

2.3　区域经济增长空间关联相关文献

2.3.1　国内外相关文献

区域经济增长的空间关联问题一直是区域经济研究的热点，学者们从不同方面对其进行了分析和研究。区域经济增长的空间关联是指相关区域（或城市）之间在商品、劳务、资金、技术和信息方面的交流，以及以此为基础发生的关联性和参与性的经济行为，它是现代区域经济发展的必要条件，对各区域（或城市）的经济发展产生着重要影响。较早的研究是 Reilly（1929）提出的"零售引力定论"：两城市间人口流动与人口的数量呈正比，与两城市间的距离呈反比。该理论也为定量分析区域空间联系奠定了基础。之后国外学者基于航空业、生产性服务业等不同视角，城市单体、城市群等不同单元，进一步展开了对区域经济联系的研究，研究区域主要集中于国家、大洲、全球层面。

随着区域经济联系的普遍化，国内相关的经济联系研究也逐渐增多。引力模型作为空间相互作用模型之一，被广泛应用在基于公路、铁路对区域间经济联系的作用研究。此外，重力模型、城市流强度模型也多用于研究区域间空间联系。赵东霞等（2016）通过运用重力模型、潜能模型等方法分析了东北地区 41 个城市 1992~2012 年经济联系空间格局与演化，发现东北地区经济联系强度南方高于北方、中部地区高于两侧。黄馨和黄晓军（2016）运用重力模型以关中—天水经济区为研究区域分析城镇间经济联系强度，发现该区域虽经济能力不断增强、经济网络不断复杂化，但网络发育不平衡，分层现象明显。鲁金萍、孙久文和刘玉（2014）运用城市流强度模型对京津冀城市群 13 个城市进行经济联系动态变化的研究，发现 2002~2011 年各城市的城市流强度和外向功能量变化显著且差距较大，同时提出城市应大力发展外向型经济以提高城市流强度的建议。

还有一部分学者利用空间计量方法研究经济增长的空间关联，相关文献多采用 Moran's I 指数和空间杜宾模型（SDM）进行相关性分析。如杨沛舟等（2018）运用 Moran's I 指数和空间杜宾模型对 2006~2015 年长三角地区 26 个城市发展水平的空间关联性进行了分析，得出了在不同空间关联模式下，创新资源均对城市发展有着正向空间溢出效应，固定资产投资、政府财政支出、经济开放度及金融发展也会对城市发展产生不同程度的影响的结论。徐东波等（2019）利用 Moran's I 指数、空间杜宾模型对 2000~2016 年中国与东盟十国经济增长的空间相关性进行了研究和分析，得到了中国与东盟国家之间经济增长存在空间经济溢出效应；中国与东盟十国的经贸往来对东盟国家经济增长有较强带动作用的结论。这方面文献利用传统的空间计量方法研究经济增长的空间关联性，存在局限于经济地理学上的"相近"或"相邻"的地区上研究经济增长的空间关联问题的缺陷。

由于上述的不足，另一些学者采用网络分析法（Network Analysis）研究单个省份或者地级市内部的经济增长的空间关联。如方大春和周正荣（2013）运用引力模型和社会网络分析法对 2005 年、2008 年和 2011 年的安徽省全境（地级市作为节点）各城市的经济联系强度进行了研究和分析，得出了安徽省城市发展不够协调，城市间联系出现局部集中、整体分散和区域性特征的趋势，以及合肥市在省内城市间有着广泛的凝聚力和影响力的结论。郑文升等（2016）利用社会网络分析法对安徽省 78 个县进行经济联系的演变研究，研究表明 1996~2013 年安徽省各县域经济联系网络密度在不断增强。马翠、许茅方和周先东（2018）计算重庆市各区县的经济联系强度，并利用社会网络分析法对经济联系强度进行分析，得出各县域经济联系强度在不断增强，并且经济联系强度的地域特征明显。

还有部分研究人员采用网络分析法研究城市群内部的经济增长的空间关联，如吴瀚然等（2016）运用空间自相关、网络分析法对 2004~2013 年京津冀地区（北京、天津两个直辖市和河北 11 个地级市）各城市间经济联系强度进行了详细的研究和分析，得出了京津冀人均 GDP 呈现较为明显的空间集聚特征，但集聚效应整体偏弱，各城市间的分工特点不够明显；京津冀每个城市在空间上是普遍联系的，但各城市空间关联的紧密程度总体偏低的主要结论。孔祥智和张琛（2018）利用社会网络分析法对京津冀地区 13 个城市的农业区域经济发展水平进行研究，并得出该地区农业经济联系网络密度呈现出上升的演化趋势，同时各城市的农业经济的集聚能力和辐射能力均有所增强的结论。吴常艳等（2017）在修正的引力模型的基础上采用社会网络分析法对长江经济带的经济联系格局进行研究，得出长江经济带形成了以中下游城市群和上游城市群为核心的两大板块的经济联系网络的结论。

另外一些学者研究中国省际经济增长的空间关联。如李敬等（2014）运用网络分析法和 QAP 分析法对 1978~2012 年中国区域经济增长的空间关联网络结构特征及其影响因素进行详细的研究，得到了中国区域经济增长的溢出效应具有明显梯度特征，投资消费结构和产业结构的相似、地理位置的空间相邻是产生中国区域经济增长空间关联的主要因素等结论。

2.3.2 有关河南区域经济增长空间关联的文献

对于河南省县域的经济联系网络的研究在新时代经济的背景下显得尤为重要。中国经济发展呈现出新常态，从一味地追求 GDP 增长到现在注重经济创新改革，经济的发展落实到了每个区域的经济结构优化升级，这对于河南省来说是一个非常好的发展契机。并且中原城市群已经被列为国家级城市群之一，是全国经济发展的第四增长极。河南省作为中原城市群的重要组成部分，其便利的交通条件、优越的区位优势及密集的人口规模等对实现中部崛起、带动中西部协同发展具有十分重要的意义，且研究河南省内部经济空间结构的特征对未来全省各市经济发展重点的规划与重组具有一定的参考价值。涉及河南省经济联系的研究主要集中于以中原城市群或中原经济区为区域进行城市间的经济联系研究。如赵林、韩增林和马慧强（2012）基于城市流强度模型对中原经济区 29 个城市的内在经济联系进行了分析，发现中原经济区内城市间经济联系不够紧密，并提出了优化政策。申怀飞等（2014）借助引力模型测算了中原城市群各城市之间的经济联系强度，并进行了经济联系强度的特征分析。以河南省县域为研究单元进行经济联系网络研究的并不多，潘少奇等（2014）首先用重力模型计算出 1996~2010 年 231 个单元间的经济联系强度，对各单元对外联系强度前 10 位进行计算并建立经济联系网络，进一步分析出中原经济区经济联系网络发育不平衡及"斜长尾分布"的右倾特征。

2.3.3　现有研究存在的问题

综观现有文献，主要存在以下缺陷：第一，上述研究表明，单独省份内部的、城市群内部的及全国范围的经济增长普遍存在空间关联。然而，现有文献多单一地对某区域的空间关联进行研究，缺乏对比性。本书认为，一个城市、一个城市群、一个区域及一个国家要想得到更好的经济发展，就应该对城市群经济增长的空间关联网络结构进行研究分析和比较。因此，处于不同发展阶段的城市群的经济增长空间关联网络结构是否存在差异这个问题值得探索和进一步研究。第二，有关欠发达省份的研究不多，特别是有关河南省的较少，在经济新常态和"一带一路"倡议下这部分县域较有可能成为新的增长点，应该受到更多的关注。第三，有关空间分布格局的研究多而有关影响因素的分析较少。

3

研究方法概述

3.1 马尔可夫链及空间马尔可夫链

马尔可夫链（Warkov Chain）是一种特殊的随机过程，是时间和状态均为离散的马尔可夫过程，专门研究在无后效条件下，时间和状态均为离散的随机转移问题。在数学建模的过程中，一些类似于状态转移的问题可以采用马尔可夫链进行分析，从而使其在多种学科领域可以有广泛的应用。马尔可夫链的原理及公式在参考文献中有详细的论述，在此不多做解释。

把马尔可夫链具体应用到本书。首先将河南省各县域经济发展水平的综合得分划分为四种类型，即低水平、中低水平、中高水平和高水平，然后计算相应类型的转移分布概率，进而近似逼近各地区发展演变的全部过程。将各年份的区域经济发展分为四个发展类型，其概率分布用 1×4 的状态概率向量表示，记作 $w(t) = [w_1(t), w_2(t), \cdots, w_n(t)]$，如表 3-1 所示。

表 3-1　马尔可夫转移矩阵

t_i/t_{i+3}	低水平	中低水平	中高水平	高水平
低水平	w_{11}	w_{12}	w_{13}	w_{14}
中低水平	w_{21}	w_{22}	w_{23}	w_{24}

t_i/t_{i+3}	低水平	中低水平	中高水平	高水平
中高水平	w_{31}	w_{32}	w_{33}	w_{34}
高水平	w_{41}	w_{42}	w_{43}	w_{44}

其中，w_{ij} 表示从 t 年份属于类型 i 的区域在 t+3 年份转移到 j 类型的转移概率，具体公式为 $w_{ij} = n_{ij}/n_i$，式中，n_{ij} 表示在研究时间段内，由 t 年份属于 i 类型的区域在 t+3 年份属于 j 类型的地区数量之和，n_i 则表示所有年份中属于类型 i 的地区总量。

为了直观地判断各种区域类型的变化，对各区域类型变化的稳定性做出界定，若某区域在 t 年份的类型为 i，而到下一研究时期也为 i，则说明该区域发展状态稳定；如果下一时期的状态提高，则为向上转移；如果在下一时期的状态下降，则为向下转移，否则定义为波动状态。

空间马尔可夫链（Spatial Warkov Chains）是传统马尔可夫链方法与"空间滞后"这一概念相结合的产物。Quah（1996）指出，区域经济发展在地理空间上并不是孤立的、随机分布的，而是与周边环境具有密切的关系，区域经济发展总是受到周围区域经济发展状况的影响。空间马尔可夫链的运用就可以针对区域之间的空间关系对区域经济发展趋同的影响进行有效的分析。

表3-2中，空间马尔可夫转移概率矩阵以区域 i 在初始年份的空间滞后类型为条件，将传统的4×4马尔可夫矩阵分解为4个4×4的条件转移概率矩阵。对于第 N 个条件矩阵而言，元素 wij /n 表示某个区域在 t 年份空间滞后类型为 N 的条件下，该年份属于类型 i 而在下一年份转变为类型 j 的转移概率。即以一个空间滞后量作为条件，探讨区域的类型转移条件概率。本书对空间马尔可夫链的探索是多层次的，主要从地理邻居①、经济邻居②和两者的综合影响三个方面进行实证

---

① 邻居区域环境包括低收入邻居区域环境、中低收入区域环境、中高收入区域环境、高收入区域环境，文中简称为"地理邻居"。

② 经济邻居是指有经济关联的区域，可通过因果检验得出。

分析。

表 3-2　空间马尔可夫转移矩阵

空间滞后	t_i/t_{i+3}	低收入	中低收入	中高收入	高收入
I	低收入	$w_{11/1}$	$w_{12/1}$	$w_{13/1}$	$w_{14/1}$
	中低收入	$w_{21/1}$	$w_{22/1}$	$w_{23/1}$	$w_{24/1}$
	中高收入	$w_{31/1}$	$w_{32/1}$	$w_{33/1}$	$w_{34/1}$
	高收入	$w_{41/1}$	$w_{42/1}$	$w_{43/1}$	$w_{44/1}$
II	低收入	$w_{11/2}$	$w_{12/2}$	$w_{13/2}$	$w_{14/2}$
	中低收入	$w_{21/2}$	$w_{22/2}$	$w_{23/2}$	$w_{24/2}$
	中高收入	$w_{31/2}$	$w_{32/2}$	$w_{33/2}$	$w_{34/2}$
	高收入	$w_{41/2}$	$w_{42/2}$	$w_{43/2}$	$w_{44/2}$
III	低收入	$w_{11/3}$	$w_{12/3}$	$w_{13/3}$	$w_{14/3}$
	中低收入	$w_{21/3}$	$w_{22/3}$	$w_{23/3}$	$w_{24/3}$
	中高收入	$w_{31/3}$	$w_{32/3}$	$w_{33/3}$	$w_{34/3}$
	高收入	$w_{41/3}$	$w_{42/3}$	$w_{43/3}$	$w_{44/3}$
IV	低收入	$w_{11/4}$	$w_{12/4}$	$w_{13/4}$	$w_{14/4}$
	中低收入	$w_{21/4}$	$w_{22/4}$	$w_{23/4}$	$w_{24/4}$
	中高收入	$w_{31/4}$	$w_{32/4}$	$w_{33/4}$	$w_{34/4}$
	高收入	$w_{41/4}$	$w_{42/4}$	$w_{43/4}$	$w_{44/4}$

3.2　空间网络分析

3.2.1　网络关系构建

非结构化的向量自回归模型（VAR Granger Causality）是基于区域之间动态关联关系是否存在的关联网络研究方法。本书在研究两区域

间的关联关系时，首先对两区域间经济增长变量建立 VAR 模型，其次
通过 VAR Granger Causality 来判断两个区域间是否存在动态关联。当
A、B 两个区域间经济变量通过检验时，则在网络中生成一条 A 指向 B
的箭头，表明这两个区域间是有关联的。可以依此方法检验所有区域
之间两两的空间关联关系，可画出网络中各条带箭头的"连接线"。
这样，便可构建出区域经济增长的空间关联网络。由于因果关系可能
不是对称的，因此是一个有方向的空间关联网络。

3.2.2　网络结构分析

将各经济节点之间的联系作为分析单位，采用可视化社会网络分
析软件 UCINET 计算测度指标。

（1）网络密度。网络密度指该网络中各区域间实际拥有的连接关
系数与可能拥有的理论最大关系数之比。它所体现的是网络整体的开
放程度和获取资源的能力，网络越密集，整体网络和集中的节点所能
完成的吸收、传递功能就越强。

$$D = \frac{L}{n(n-1)} \qquad (3-1)$$

· 式中，D 为网络密度 [0~1]，L 为实际存在的经济联系数，n 为
网络内节点总数。

（2）节点中心度。节点中心度从点度中心度、中间中心度两个角
度展开分析。点度中心度是根据区域联系网络中的联接数衡量节点处
于网络中心位置的程度，度值越大，节点中心性越强。中间中心度用
来衡量节点对资源控制能力的程度，度值越大，节点的中介与控制能
力越强。

$$C_D(c_i) = \frac{\sum_i a_{ij}}{(n-1)} \qquad (3-2)$$

$$C_B(c_i) = \sum_{i \neq j \neq 1} \frac{D_{jl(i)}}{D_{jl}} \qquad (3-3)$$

式中，$C_D(c_i)$ 为点度中心度，a_{ij} 为节点 i 和其他城市之间的有效联系数量；$C_B(c_i)$ 为中间中心度，D_{jl} 指邻近 i 的两个节点 j 和 l 间的最短路径，$D_{jl(i)}$ 为通过节点 i 的路径。

（3）凝聚子群。凝聚子群是在遵循相似性和差异性原则下对区域经济联系网络内部微观结构进行的聚类分组，主要考量网络结构中哪些节点经济关系强且联系紧密，并以此判断分析凝聚子群间的相互作用关系。采用迭代相关收敛法迭代计算地区间经济联系矩阵的相关系数，识别区域经济联系网络的凝聚子群。

运用 Wasserman（1994）提出的块模型分类标准进行研究分析。假设我们分析来自位置 B_k 的各个经济主体的关系，假设其中有 g_k 个经济主体，假设在经济增长关联总体网络中含有 g 个经济主体，故 $g_k(g_k-1)/g_k(g-1) = (g_k-1)/(g-1)$ 为位置 B_k 在空间关联网络中的总关系的期。利用这个比例作为评价位置内部关系趋势的指标，并可以划分为四种经济增长板块（见表3-3）。

表3-3　空间网络中块模型的经济增长板块分类

某位置内部的关系比例	某位置接受关系比例	
	>0	≈0
$< (g_k-1)/(g-1)$	经纪人板块	净溢出板块
$\geqslant (g_k-1)/(g-1)$	主受益板块/净受益板块	双向溢出板块

3.2.3　有序响应 Logit 模型

离散数据有着天然的排序，当因变量是有序的分类变量时，使用多项逻辑回归分析将无视数据的内在排序，因此本书使用有序响应 Logit 方法。

假设 $y = x\beta + \alpha$（y 不可观测），选择规则如下：

$$y = \begin{cases} 0, & \text{若 } y \leqslant r \\ 1, & \text{若 } r_0 \leqslant y \leqslant r_1 \\ 2, & \text{若 } r_1 \leqslant y \leqslant r_2 \\ \cdots \\ n, & \text{若 } r_{j-1} \leqslant y \end{cases} \qquad (3-4)$$

其中，$r_0 < r_1 < r_2 < \cdots < r_{j-1}$ 为待估参数。则再次假设 $\alpha \sim N$（0，1）（将扰动项 α 的方差标准化为 1），则

P（$y=0 \mid x$）$= P$（$y \leqslant r_0 \mid x$）$= P$（$x\beta + \alpha \leqslant r_0 \mid x$）$= \Phi$（$r_0 - x\beta$）

P（$y=1 \mid x$）$= P$（$r_0 \leqslant y \leqslant r_1 \mid x$）$= P$（$x\beta + \alpha \leqslant r_1 \mid x$）$-P$（$y \leqslant r_0 \mid x$）

$\qquad\qquad = \Phi$（$r_1 - x\beta$）$-\Phi$（$r_0 - x\beta$）

P（$y=2 \mid x$）$= \Phi$（$r_2 - x\beta$）$-\Phi$（$r_1 - x\beta$）

P（$y=j \mid x$）$= 1 - \Phi$（$r_{j-1} - x\beta$）

$$(3-5)$$

4

区域经济联系格局及
影响因素研究

4.1 引言

  在国家新型城镇化战略的大力实施下，中国城市化水平大幅提高，根据国家统计局发布的《2018 年国民经济与社会发展统计公报》，2018 年末，全国户籍人口城镇化率已达到 43.37%，常住人口城镇化率高达 59.58%，2018 年末基本提前完成 2020 年的奋斗目标。经济发达城市的城镇化水平普遍高于经济落后城市的城镇化水平，因此经济发达的城市应作为经济发展的增长极带动周边城市发展，进而形成由多个城市组成的区域经济体——城市群。中国城市群中，京津冀城市群、长三角城市群、中原城市群及珠三角城市群的发展水平较高，取得了显著的成效。以 2017 年国家统计局公布的数据为准，四大城市群依次占全国行政区域土地面积的 4.47%、4.27%、5.77%、3.61%，年末户籍人口依次占全国的 8.22%、9.69%、14.38%、7.01%，GDP占比依次为 10.22%、18.99%、7.86%、11.13%。其中，长三角城市群对全国 GDP 的贡献率最大，中原城市群对全国 GDP 的贡献率最小；长三角城市群的人均 GDP 在四大城市群中最高，达 115340 元。城市是空间发展的产物，各式各样的空间规划代表着城市发展的总体安排和资源配置，因而各个城市群的经济增长存在城市群内市际之间的空间影响和地区之间的空间关联。

  本章首先利用长三角城市群、珠三角城市群、京津冀城市群及中原城市群2000~2017年的各城市市区人均GDP作为基础分析数据，进行因果关系检验，然后利用Ucinet 6.0软件提供的网络分析方法和在ArcMap上构建地理位置关系上的长三角城市群、珠三角城市群、京津冀城市群及中原城市群经济增长的空间关联网络结构来研究其关联网络特征，并进一步对这四个城市群进行对比分析，得出四大城市群经济增长的空间关联特征并提出对这四个城市群经济发展的政策启示。接着，以河南省108个县为研究对象，选取2000~2016年数据，利用空间相互作用的向量自回归模型和社会网络分析等方法对河南省县域经济联系网络格局进行研究，并利用有序响应Logit模型分析河南省县域经济联系格局的影响因素，从而推动县际关系的多边、网络化积极融合，缩小各县之间的经济差异，促进县际经济协调发展，加速河南省区域经济一体化进程。

4.2　四大城市群经济联系格局

4.2.1　研究区域及数据来源

本节研究的区域为长江三角洲城市群、珠江三角洲城市群、京津冀城市群及中原城市群，长江三角洲城市群包括1个直辖市和25个地级市，珠江三角洲城市群包括21个地级市①，京津冀城市群包括2个直辖市和12个地级市，中原城市群包括29个地级市，总共87个城市（该分类来自各地区最新规划文本）。具体分类及包含城市如表4-1所示。

---

① 狭义的珠三角城市群只包括9个城市，无法做出网络分析，为了提高结果的显著性和稳健性，把广东省所有地级市包括了进去。

表 4-1　四大城市群的包含城市

长江三角洲城市群	上海市、南京市、苏州市、无锡市、常州市、镇江市、扬州市、南通市、盐城市、泰州市、杭州市、宁波市、金华市、嘉兴市、湖州市、绍兴市、舟山市、衢州市、合肥市、马鞍山市、芜湖市、铜陵市、安庆市、滁州市、池州市、宣城市
珠江三角洲城市群	广州市、深圳市、珠海市、汕头市、惠州市、东莞市、肇庆市、佛山市、中山市、江门市、汕尾市、清远市、云浮市、河源市、韶关市、湛江市、茂名市、梅州市、阳江市、潮州市、揭阳市
京津冀城市群	北京市、天津市、保定市、唐山市、石家庄市、廊坊市、秦皇岛市、张家口市、承德市、沧州市、衡水市、邢台市、邯郸市、安阳市
中原城市群	郑州市、开封市、洛阳市、南阳市、安阳市、商丘市、新乡市、平顶山市、许昌市、焦作市、周口市、信阳市、驻马店市、鹤壁市、濮阳市、漯河市、三门峡市、长治市、晋城市、运城市、聊城市、菏泽市、宿州市、淮北市、阜阳市、亳州市、蚌埠市、邢台市、邯郸市

本节使用的基础数据来源于《中国城市统计年鉴》（2001～2017年），选取了京津冀城市群、长江三角洲城市群、中原城市群及珠江三角洲城市群内部各城市的市区人均 GDP 作为基础数据。

4.2.2　四大城市群经济增长空间关联网络的构建

本节重点考察 2000 年后四大城市群的空间关联关系，因此采用 2000～2016 年四大城市群各城市的市区人均地区生产总值作为基础分析数据。为了避免价格因素对研究的影响，将四大城市群各城市的市区人均 GDP 换算为市区相对人均 GDP，然后分别对四个城市群时间序列数据进行对数处理，以达到去除时间趋势的目的。因为我们需要建立 VAR 模型，且要保证变量具有平稳性，因此需要对所有变量进行 ADF 检验。经过 ADF 检验，发现所有变量都是不平稳的，并且结果均是 I（1）。因此必须对先前处理好的所有四大城市群各城市市区相对人均 GDP 的对数进行一阶差分处理，使变量具有平稳性；接着分别对各城市群内部的两两城市之间建立 VAR 模型；然后进行最优时滞选择；最后进行格兰杰因果关系检验，用 5%作为显著性检验标准，确定各城市群中两两城市是否具有因果关系。

通过以上操作，长三角城市群中通过检验确定因果关系的有 205 个，珠三角城市群通过检验确定因果关系的有 77 个，京津冀城市群中通过检验确定因果关系的有 53 个，中原城市群通过检验确定因果关系的有 217 个。根据这四个城市群的因果关系检验结果，可以分别画出长三角城市群经济增长空间关联网络图、珠三角城市群经济增长空间关联网络图、京津冀城市群经济增长空间关联网络图及中原城市群经济增长空间关联网络图。

长三角城市群经济增长空间关联网络（见图 4-1）通过 205 条"通道"进行经济增长的空间溢出，珠三角城市群经济增长空间关联网络（见图 4-2）通过 77 条"通道"进行经济增长的空间溢出，京津冀城市群经济增长空间关联网络（见图 4-3）利用 53 条"通道"进行经济增长的空间溢出，中原城市群经济增长空间关联网络（见图4-4）通过 217 条"通道"进行经济增长的空间溢出。四大城市群

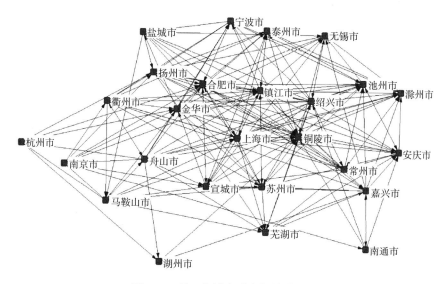

图4-1 长三角城市群空间关联网络

中每个城市都存在一定数量的空间关系，因此四大城市群内部的经济增长在空间上分别都"有一定的关联"。

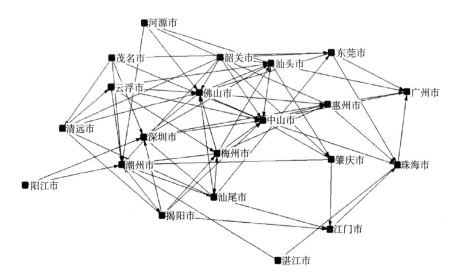

图 4-2　珠三角城市群空间关联网络

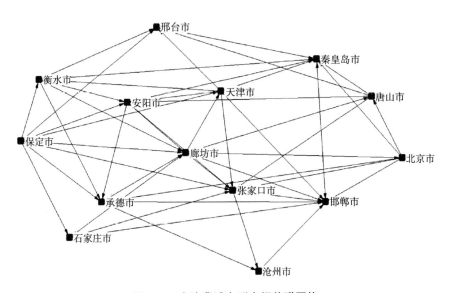

图 4-3　京津冀城市群空间关联网络

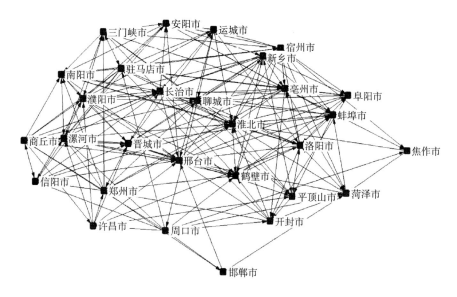

图 4-4　中原城市群空间关联网络

4.2.3　四大城市群经济增长空间关联网络的特征分析

网络密度的计算结果如图 4-5 所示。京津冀城市群 14 个城市之间最大可能有 182 个关联关系，实际存在 53 个关联关系，计算得出京津冀城市群网络密度为 0.291；长三角城市群 26 个城市之间最大可能有 650 个关联关系，实际存在 205 个关联关系，计算得出长三角城市群网络密度为 0.315；中原城市群空间关联网络中 29 个城市之间最大可能有 812 个关联关系，实际存在 217 个关联关系，计算得出中原城市群网络密度为 0.267；珠三角城市群 21 个城市之间最大可能有 420 个关联关系，实际存在 77 个关联关系，计算得出珠三角城市群网络密度为 0.183。

根据四个城市群的经济增长空间关联网络的网络密度可以得出，四大城市群内部各城市之间关联的紧密程度在总体上并不高，其中长三角城市群的网络密度最大，为 0.315，而珠三角城市群的网络密度最小，只有 0.183。这说明了长三角城市群内部各城市之间的经济

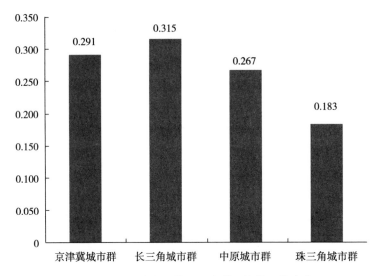

图4-5 四大城市群的空间关联网络的网络密度

关联紧密度最大，京津冀城市群和中原城市群处于中间位置，珠三角城市群内部各城市之间的经济关联紧密度最小。珠三角城市群亟须加强内部各城市之间的经济协作和交流，而其他三个城市群经济增长的紧密程度也有很大的提升空间。

通过计算得到京津冀城市群经济增长空间关联网络、长三角城市群经济增长空间关联网络、中原城市群经济增长空间关联网络及珠三角城市群经济增长空间关联网络的关联度都为1，说明四大城市群经济增长空间关联网络的关联程度都很高，经济增长的空间连通性都高，关联网络都具有很好的通达性，城市群内部各城市之间的经济增长都存在普遍的空间溢出效应。

四大城市群的网络效率如图4-6所示。京津冀城市群经济增长空间关联网络的网络效率为0.487，说明空间关联网络中存在很多的冗余连线，进一步说明了京津冀城市群经济增长的空间溢出效应存在很明显的多重叠加现象。长三角城市群经济增长空间关联网络的网络效率为0.4，中原城市群经济增长空间关联网络的网络效率为0.5，珠三角城市群经济增长空间关联网络的网络效率为0.7。可以看出，四大城市群的空间关联网络中都存在多余的关联连线，且各城市群内部经济增长的空间溢出都存在一定程度的多重叠加现象；但四大城市群中长三角城市群经济增长的空间溢出的多重叠加现象最明显，说明此网络结构最为稳定；而珠三角城市群经济增长的空间溢出的多重叠加现象最不明显，说明此网络结构最不稳定。

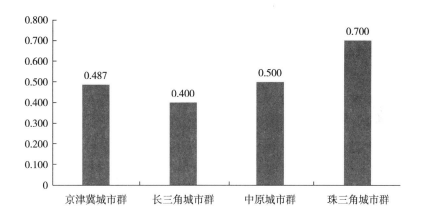

图4-6 四大城市群的空间关联网络的网络效率

根据图4-5和图4-6可以看出，四大城市群的空间关联网络的网络密度和网络效率的排序刚好相反。因为网络密度越大，网络的紧密程度越大，越稳定；网络效率越小，说明经济增长的溢出通道越多，网络就越稳定。两者刚好相互印证说明了长三角城市群的空间关联网络最稳定，珠三角城市群的空间关联网络最不稳定。

我们利用 Ucinet 6.0 对所研究的四大城市群的经济增长空间关联网络分别进行中心性分析，并且计算出各城市群各城市的中间中心度和度数中心度。长三角城市群经济增长空间关联网络的中心性分析计算结果如表4-2所示。铜陵市、镇江市、绍兴市、金华市和合肥市的度数中心度处于长三角城市群中的前五名，这说明在长三角城市群经济增长的空间关联网络中，与这五个城市直接相关联的关联关系最多。镇江市的关联关系最多，有28个（溢出关联关系有13个，受益关联关系有15个），因此镇江市在总体上最具有受益效应；铜陵市、绍兴市、金华市和合肥市在总体上是也具有受益效应。并且铜陵市的中间中心度排名第一，另外四个城市的中间中心度也是排名靠前的。

表4-2　长三角城市群经济增长空间关联网络的中心性分析

序号	地区	溢出关联关系	受益关联关系	关联关系总数	中间中心度	度数中心度
1	铜陵市	9	18	27	12.063	84
2	镇江市	13	15	28	9.782	80
3	绍兴市	16	5	21	5.883	76
4	金华市	6	17	23	4.071	76
5	合肥市	12	13	25	10.417	72
6	上海市	12	7	19	2.786	64
7	扬州市	6	11	17	2.748	60
8	舟山市	15	2	17	2.772	60
9	苏州市	10	8	18	3.018	56
10	池州市	9	12	21	2.878	56
11	宣城市	8	11	19	4.018	56
12	嘉兴市	10	4	14	6.72	52
13	衢州市	5	11	16	6.537	52
14	安庆市	8	7	15	1.883	52
15	常州市	9	4	13	2.332	48
16	滁州市	2	12	14	1.108	48
17	无锡市	7	6	13	1.203	44
18	泰州市	9	8	17	1.115	44
19	宁波市	8	6	14	0.734	44
20	马鞍山市	7	5	12	5.884	44
21	盐城市	4	6	10	1.563	40
22	芜湖市	4	7	11	2.763	40
23	南京市	7	2	9	10.56	36
24	杭州市	4	3	7	0.917	24
25	南通市	4	2	6	0.504	20
26	湖州市	1	3	4	0.129	16

由图 4-7 可以看出，以上 5 个城市有 2 个位于城市群西部，有 1 个位于城市群中部，还有 2 个位于城市群南部，而没有东部和北部的城市，因此北部地区城市和东部地区城市在经济增长空间关联网络中处于弱势地位，中部地区作为"传导"和"桥梁"沟通东部、西部、南部和北部的经济联系。

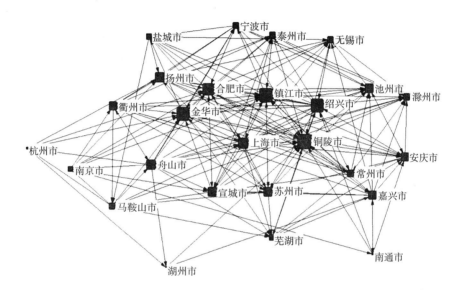

图 4-7 长三角城市群空间关联网络中心性

珠三角城市群经济增长空间关联网络的中心性分析计算结果如表 4-3 所示。中山市、佛山市、潮州市的度数中心度处于珠三角城市群中的前三名，这说明在珠三角城市群经济增长的空间关联网络中，与这三个城市直接相关联的关联关系是最多的。中山市的关联关系最多，有 13 个（溢出关联关系有 4 个，受益关联关系有 9 个），因此中山市在总体上具有受益效应；佛山市和潮州市在总体上也具有受益效应。

表4-3　珠三角城市群经济增长空间关联网络的中心性分析

序号	地区	溢出关联关系	受益关联关系	关联关系总数	中间中心度	度数中心度
1	中山市	4	9	13	9.516	60.000
2	佛山市	4	8	12	9.459	55.000
3	潮州市	2	10	12	20.365	50.000
4	韶关市	8	1	9	11.018	45.000
5	汕头市	6	6	12	15.896	40.000
6	深圳市	3	6	9	6.584	40.000
7	梅州市	7	3	10	4.056	40.000
8	汕尾市	7	2	9	8.989	35.000
9	惠州市	3	5	8	17.163	35.000
10	云浮市	5	3	8	5.251	30.000
11	清远市	2	4	6	1.844	30.000
12	东莞市	3	3	6	1.864	30.000
13	揭阳市	6	1	7	6.528	30.000
14	珠海市	2	4	6	10.412	30.000
15	肇庆市	3	2	5	3.125	25.000
16	广州市	1	4	5	5.070	25.000
17	茂名市	5	0	5	0.000	25.000
18	江门市	1	3	4	0.000	20.000
19	河源市	2	2	4	0.849	20.000
20	湛江市	1	1	2	4.660	10.000
21	阳江市	2	0	2	0.436	10.000

由图4-8可以看出，以上3个城市有2个位于城市群的南部，有1个位于城市群的东部，而没有在城市群的北部和西部的，因此北部地区、西部地区在经济增长空间关联网络中处于弱势地位，而城市群南部地区为珠三角城市群重要的沟通"传导"和"桥梁"。

京津冀城市群经济增长空间关联网络的中心性分析计算结果如表4-4所示。廊坊市和张家口市的度数中心度处于京津冀城市群中的前

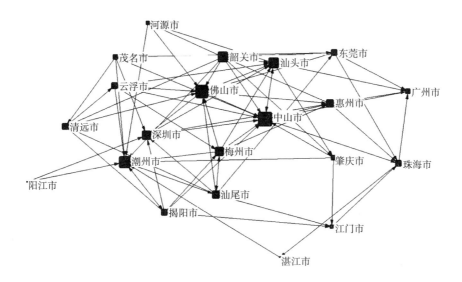

图 4-8　珠三角城市群空间关联网络中心性

两名，说明在京津冀城市群经济增长的空间关联网络中，与这两个城市直接相关联的关联关系最多。廊坊市的关联关系最多，有 12 个（溢出关联关系有 8 个，受益关联关系有 4 个），因此廊坊市在总体上具有溢出效应；张家口市的关联关系为 9 个（溢出关联关系为 1 个，受益关联关系为 8 个），因此张家口市在总体上也具有受益效应。廊坊市的中间中心度同样排名第一。

表 4-4　京津冀城市群经济增长空间关联网络的中心性分析

序号	地区	溢出关联关系	受益关联关系	关联关系总数	中间中心度	度数中心度
1	廊坊市	8	4	12	34.241	76.923
2	张家口市	1	8	9	5.021	69.231
3	天津市	6	2	8	1.036	61.538
4	邯郸市	2	7	9	16.581	61.538
5	保定市	8	0	8	0.000	61.538
6	安阳市	3	6	9	29.274	61.538
7	秦皇岛市	3	6	9	26.389	53.846

序号	地区	溢出关联关系	受益关联关系	关联关系总数	中间中心度	度数中心度
8	承德市	3	4	7	16.079	53.846
9	衡水市	5	4	9	16.368	53.846
10	北京市	5	1	6	0.556	46.154
11	唐山市	4	2	6	1.517	46.154
12	邢台市	1	5	6	0.214	38.462
13	石家庄市	3	2	5	0.160	30.769
14	沧州市	1	2	3	7.051	23.077

由图 4-9 可以看出,西部地区在城市群经济增长空间关联网络中处于弱势地位,中部地区作为"传导"和"桥梁"沟通东部、南部和西部。

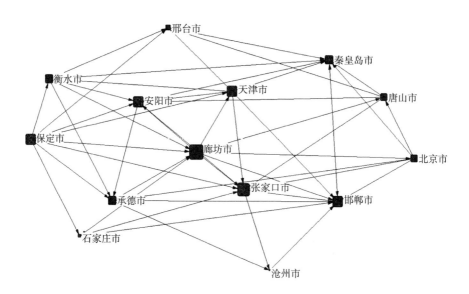

图 4-9 京津冀城市群空间关联网络中心性

中原城市群经济增长空间关联网络的中心性分析计算结果如表 4-5 所示。淮北市、邢台市和长治市的度数中心度处于中原城市群中的前三名，说明在中原城市群经济增长的空间关联网络中，与这三个城市直接相关联的关联关系是最多的。淮北市的关联关系最多，有23个（溢出关联关系有8个，受益关联关系有15个），因此淮北市在总体上具有受益效应；邢台市和长治市在总体上也具有受益效应。并且淮北市的中间中心度排名第一，另外两个城市的中间中心度也排名靠前。

表4-5 中原城市群经济增长空间关联网络的中心性分析

序号	地区	溢出关联关系	受益关联关系	关联关系总数	中间中心度	度数中心度
1	淮北市	8	15	23	8.052	71.429
2	邢台市	6	16	22	5.563	64.286
3	长治市	7	13	20	3.363	64.286
4	聊城市	5	12	17	4.503	60.714
5	晋城市	6	12	18	4.136	57.143
6	亳州市	10	9	19	6.876	57.143
7	濮阳市	7	13	20	3.983	57.143
8	宿州市	12	4	16	2.673	53.571
9	洛阳市	11	8	19	7.004	53.571
10	漯河市	10	10	20	3.965	53.571
11	驻马店市	12	5	17	4.505	53.571
12	南阳市	8	7	15	1.564	50.000
13	蚌埠市	8	7	15	2.001	46.429
14	郑州市	10	4	14	4.686	46.429
15	鹤壁市	5	10	15	3.534	46.429
16	商丘市	9	6	15	1.955	46.429
17	安阳市	6	7	13	2.47	42.857
18	新乡市	9	5	14	2.348	42.857
19	阜阳市	9	5	14	1.746	39.286
20	菏泽市	7	6	13	3.441	39.286
21	开封市	6	6	12	2.213	39.286

续表

序号	地区	溢出关联关系	受益关联关系	关联关系总数	中间中心度	度数中心度
22	三门峡市	6	7	13	3.387	39.286
23	周口市	9	4	13	5.582	39.286
24	运城市	7	5	12	1.027	35.714
25	平顶山市	6	7	13	3.934	35.714
26	信阳市	7	3	10	0.388	35.714
27	许昌市	6	4	10	1.474	32.143
28	焦作市	2	3	5	0.115	17.857
29	邯郸市	3	2	5	0.47	14.286

由图 4-10 可以看出，以上 3 个城市有 2 个位于城市群北部，有 1 个位于城市群东部，而没有在城市群西部、南部和中部的，因此西部地区、南部地区和中部地区在经济增长空间关联网络中处于弱势地位，而城市群北部地区为中原城市群重要的沟通"传导"和"桥梁"。

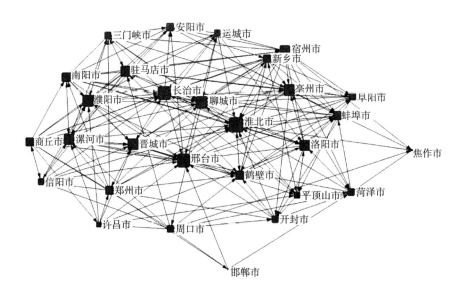

图 4-10　中原城市群空间关联网络中心性

4.2.4　四大城市群经济增长空间关联网络的块模型分析

分别对四大城市群经济增长空间关联网络的各个城市的关联关系进行块模型分析。在 Ucinet 6 中采用收敛标准 0.2、最大分割深度为 2 进行块模型分析，均得到四个经济增长板块。

在长三角城市群经济增长板块分布中，第一个经济增长板块有 9 个城市，基本上是上海及其附近的发达东部沿海地区，包括上海市、无锡市、绍兴市、常州市、苏州市、宁波市、嘉兴市、安庆市、泰州市；第二个经济增长板块有 4 个城市，主要是两个省的省会和周边城市，经济水平较高，包括南京市、马鞍山市、杭州市、舟山市；第三个经济增长板块有 4 个城市，包括芜湖市、铜陵市、湖州市、南通市；第四个经济增长板块有 9 个城市，包括金华市、合肥市、盐城市、镇江市、扬州市、衢州市、滁州市、池州市、宣城市。

长三角城市群经济增长空间关联网络的 205 个关联关系中，四个经济增长板块之间的关联关系数高达 152 个，四个经济增长板块的内部关系有 53 个，显而易见，长三角城市群各大经济增长板块之间拥有很强的溢出效应。第一个经济增长板块在空间关联网络中的经济增长对其他板块有很强的溢出效应，通过关系位置判定为典型的"净溢出板块"；第二个经济增长板块通过关系位置判定为典型的"双向溢出板块"；第三个经济增长板块的溢出效应小，而受益效应大，根据关系位置判定为典型的"净受益板块"；第四个经济增长板块的溢出效应很小，而大部分关系是受益效应，根据关系位置判定为典型的"主受益板块"（见表 4-6）。

在珠三角城市群经济增长板块分布中，第一个经济增长板块有 4 个城市，基本上是省会及附近南部沿海发达地区，包括广州市、惠州市、汕头市、珠海市；第二个经济增长板块有 8 个城市，它们是经济较为发达的地区，包括深圳市、梅州市、江门市、中山市、潮州市、东莞市、佛山市、清远市；第三个经济增长板块有 4 个城市，包括韶关市、肇庆市、云浮市、河源市；第四个经济增长板块有 5 个城市，包括汕尾市、湛江市、阳江市、揭阳市、茂名市。

表 4-6 长三角城市群各板块的溢出效应分析

经济增长板块	第一板块接收关系	第二板块接收关系	第三板块接收关系	第四板块接收关系	经济增长板块成员数目	实际的内联关系比例（%）	期望的内联关系比例（%）	接收板块外联关系数	经济增长板块特征
第一板块	17	1	12	59	9	19.1	32	38	净溢出板块
第二板块	3	6	6	18	4	18.2	16	6	双向溢出板块
第三板块	9	0	4	5	4	22.2	16	26	净受益板块
第四板块	26	5	8	26	9	40	32	82	主受益板块

表 4-7 珠三角城市群各板块的溢出效应

经济增长板块	第一板块接收关系	第二板块接收关系	第三板块接收关系	第四板块接收关系	经济增长板块成员数目	实际的内联关系比例（%）	期望的内联关系比例（%）	接收板块外联关系数	经济增长板块特征
第一板块	4	3	4	1	4	33.4	15	15	主受益板块
第二板块	13	8	2	3	8	30.8	35	38	经纪人板块
第三板块	2	14	2	0	4	11.2	15	6	经纪人板块
第四板块	0	21	0	0	5	0.0	20	4	净溢出板块

在珠三角城市群经济增长空间关联网络的 77 个关联关系中，四个经济增长板块之间的关联关系数高达 63 个，四个经济增长板块的内部关系有 14 个，显而易见，珠三角城市群各大经济增长板块之间拥有很强的溢出效应。第一个经济增长板块的溢出效应小，而受益效应大，根据关系位置判定为典型的"主受益板块"；第二个经济增长板块通过关系位置判定为典型的"经纪人板块"；第三个经济增长板块通过关系位置判定为典型的"经纪人板块"；第四个经济增长板块只有溢出效应且很大，根据关系位置判定为典型的"净溢出板块"（见表 4-7）。

在京津冀城市群经济增长板块分布中，第一个经济增长板块有 4 个城市，基本上是首都及附近的发达地区，包括北京市、天津市、唐山市、保定市，属于"净溢出板块"；第二个经济增长板块有 3 个城市，它们在空间分布上都紧靠第一经济板块的四周，并且工业都很发达，包括石家庄市、廊坊市、沧州市，属于"主受益板块"；第三个经济增长板块有 4 个城市，它们在空间上分布于第三圈层，包括衡水市、邢台市、秦皇岛市、安阳市，属于"净受益板块"；第四个经济增长板块有 3 个城市，在空间上分布于第四圈层，经济发展相对落后，但是正在飞速发展的地区，包括承德市、张家口市、邯郸市，属于"主受益板块"（见表 4-8）。

在中原城市群经济增长板块分布中，第一个经济增长板块有 9 个城市，基本上是郑州及附近地区，包括郑州市、许昌市、漯河市、驻马店、南阳市、信阳市、三门峡市、商丘市、邯郸市；第二个经济增长板块有 6 个城市，它们在空间分布上大多数位于城市群北部地区，包括晋城市、长治市、邢台市、聊城市、濮阳市、淮北市；第三个经济增长板块有 9 个城市，包括运城市、安阳市、新乡市、鹤壁市、平顶山市、亳州市、宿州市、阜阳市、蚌埠市；第四个经济增长板块有 5 个城市，包括洛阳市、焦作市、开封市、周口市、菏泽市。

在中原城市群经济增长空间关联网络的 217 个关联关系中，四个经济增长板块之间的关联关系数高达 144 个，四个经济增长板块的内部

表 4-8 京津冀城市群各板块的溢出效应

经济增长板块	第一板块接收关系	第二板块接收关系	第三板块接收关系	第四板块接收关系	经济增长板块成员数目	实际的内部关联关系比例（%）	期望的内部关联关系比例（%）	接收块外向关联关系数	经济增长板块特征
第一板块	2	2	11	8	4	8.7	23	5	净溢出板块
第二板块	3	2	2	5	3	16.7	15	6	主受益板块
第三板块	0	1	7	4	4	58.3	23	14	净受益板块
第四板块	0	3	1	2	3	33.3	15	17	主受益板块

表 4-9 中原城市群各板块的溢出效应

经济增长板块	第一板块接收关系	第二板块接收关系	第三板块接收关系	第四板块接收关系	经济增长板块成员数目	实际的内部关联关系比例（%）	期望的内部关联关系比例（%）	接收块外向关联关系数	经济增长板块特征
第一板块	26	32	10	3	9	36.6	28.6	24	双向溢出板块
第二板块	7	14	15	3	6	35.9	17.9	67	净溢出板块
第三板块	8	28	24	12	9	33.3	28.6	35	经纪人板块
第四板块	9	7	10	9	5	25.7	14.3	18	主受益板块

关系有 73 个，显而易见，中原城市群各大经济增长板块之间拥有很强
的溢出效应。第一个经济增长板块在空间关联网络中的经济增长对内
部和其他板块都有溢出效应，通过关系位置判定为典型的"双向溢出
板块"；第二个经济增长板块的溢出效应小，而受益效应大，根据关
系位置判定为典型的"净受益板块"；第三个经济增长板块在空间关
联网络中的经济增长明显起到"中介"和"桥梁"的作用，通过关系
位置判定为典型的"经纪人板块"；第四个经济增长板块的溢出效应
很小，而大部分关系都是受益效应，根据关系位置判定为典型的"主
受益板块"（见表 4-9）。

　　四大城市群都分成了四个经济板块，因为每个城市群拥有的城
市数量不同，所以每个城市群的经济增长板块拥有的城市数量也都
不相同，具有各自的特点；板块的分布根据各个城市群各自独特的
区位特征，在地理位置上的分布也各具特征。京津冀城市群各经济
增长板块的地理位置分布是以第一经济增长板块（净溢出板块）为
圆心，像同心圆一样逐级扩散；长三角城市群各经济增长板块在地
理位置上的分布是以东部沿海［第一经济增长板块（净溢出板
块）］为辐射中心，像同心弧一样逐级向外辐射；中原城市群各经
济增长板块在地理位置上的分布是以第四经济板块（主受益板块）
为中心，其他三大经济增长板块像包围圈一样包围着这个中心；
珠三角城市群各经济增长板块在地理位置上的分布是以第一经济
增长板块（主受益板块）为收敛中心，其他三大经济增长板块向它
聚集。

　　四大城市群内部各大经济增长板块之间的溢出效应强弱排序为长
三角城市群内部的溢出效应>中原城市群内部的溢出效应>珠三角城市
群内部的溢出效应>京津冀城市群内部的溢出效应，因此长三角城市
群是带动经济增长的龙头。从四大城市群内部板块分布来看，中原城
市群拥有最为完整的板块分布，而特别的是珠三角城市群有两个"经
纪人板块"；四大城市群都具有受益类板块和溢出类板块这两大类经
济增长板块；"溢出板块"包括"净溢出板块"和"双向溢出板块"
两种情况；除了长三角城市群两种溢出板块都具有外，其他三大城市

群只具有一种溢出板块；京津冀城市群、珠三角城市群都是"净溢出板块"，而中原城市群是"双向溢出板块"。

4.2.5 四大城市群经济增长板块的动力机制

因为各经济增长板块又构成了一个板块间的网络结构，所以各经济增长板块之间也存在一定的关联关系，因此可以计算各经济增长板块之间的密度矩阵，并用计算结果来反映各经济增长板块的溢出效应的分布情况。

假设城市群经济增长的整体空间关联网络的网络密度为 a，如板块之间的密度大于 a，则说明该板块对于另一板块的密度大于整个网络的总体平均水平，该板块对另一板块具有集中的趋势。

将表 4-10 中大于 0.315 的数赋值为 1，小于 0.315 的数赋值为 0，可得到长三角城市群经济增长空间关联网络各经济增长板块的像矩阵（见表 4-11），它更能准确、清楚地反映出长三角城市群各经济增长板块之间的溢出效应。表 4-11 中，第二经济增长板块、第三经济增长板块和第四经济增长板块在像矩阵中对角线的数为 1，说明这三个经济增长板块的内部各城市经济增长具有显著关联性，进一步说明了这三个板块具有"俱乐部"效应。像矩阵除了能反映出板块间的溢出效应，还能反映出长三角城市群经济增长的传递机制。

表 4-10　长三角城市群各经济增长板块的密度矩阵

	第一经济增长板块	第二经济增长板块	第三经济增长板块	第四经济增长板块
第一经济增长板块	0.236	0.028	0.333	0.728
第二经济增长板块	0.083	0.500	0.375	0.500
第三经济增长板块	0.250	0.000	0.333	0.139
第四经济增长板块	0.321	0.139	0.222	0.361

表 4-11   长三角城市群各经济增长板块的像矩阵分布

	第一经济增长板块	第二经济增长板块	第三经济增长板块	第四经济增长板块
第一经济增长板块	0	0	1	1
第二经济增长板块	0	1	1	1
第三经济增长板块	0	0	1	0
第四经济增长板块	1	0	0	1

　　根据经济增长的传导机制可以画出图 4-11，由图 4-11 可以看出，"净溢出板块"第一板块是长三角城市群经济增长的原动力，它主要包括东部沿海的大部分发达城市，它将城市群经济增长的动力传导给"净受益板块"第三板块和"主受益板块"第四板块；同时，第四板块向第一板块反馈经济增长的动力，"双向溢出板块"第二板块将自身的城市群经济增长的动力传导给"净受益板块"第三板块和"主受益板块"第四板块，具有一定的溢出效应。

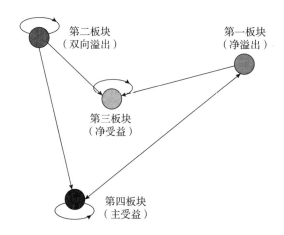

图 4-11   长三角城市群四大经济增长板块的相互作用

　　将表 4-12 中大于 0.183 的数赋值为 1，小于 0.183 的数赋值为 0，可得到珠三角城市群经济增长空间关联网络各经济增长板块的像矩阵（见表 4-13），它能更准确、清楚地表现出珠三角城市群各经济增长板块之间的溢出效应。表 4-13 中，第一经济增长板块像矩阵中对角线的数为 1，说明第一经济增长板块的内部各城市经济增长具有显著关联性，进一步说明了第一板块具有"俱乐部"效应。像矩阵除了能反映出板块间的溢出效应，还能反映出珠三角城市群经济增长的传递机制。

表 4-12　珠三角城市群各经济增长板块的密度矩阵

	第一经济 增长板块	第二经济 增长板块	第三经济 增长板块	第四经济 增长板块
第一经济增长板块	0.333	0.094	0.250	0.050
第二经济增长板块	0.406	0.143	0.063	0.075
第三经济增长板块	0.125	0.438	0.167	0.000
第四经济增长板块	0.000	0.525	0.000	0.000

表 4-13　珠三角城市群各经济增长板块的像矩阵分布

	第一经济 增长板块	第二经济 增长板块	第三经济 增长板块	第四经济 增长板块
第一经济增长板块	1	0	1	0
第二经济增长板块	1	0	0	0
第三经济增长板块	0	1	0	0
第四经济增长板块	0	1	0	0

　　根据经济增长的传导机制可以画出图 4-12，由图 4-12 可以看出，"净溢出板块"第四板块是珠三角城市群经济增长的原动力，它将城市群经济增长的动力传导给"经纪人板块"第二板块，然后第二经济增长板块又将城市群经济增长的动力传导给"主受益板块"第一经济增长板块，然后第三经济增长板块将城市群经济增长的动力传导给"经纪人板块"第二经济增长板块，然后又循环传导到第一经济增长板块；第一、第二和第三经济增长板块构成了一个循环系统，促进经济快速发展。并且在经济增长的传导过程中第二和第三

经济增长板块很好地诠释了"经纪人板块"的"中介"和"桥梁"作用。

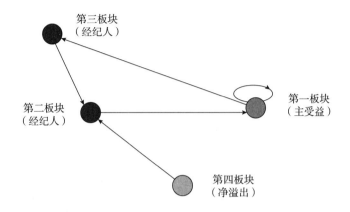

图 4-12　珠三角城市群四大经济增长板块的相互作用

　　将表 4-14 中大于 0.291 的数赋值为 1，小于 0.291 的数赋值为 0，可得到京津冀城市群经济增长空间关联网络各经济增长板块的像矩阵（见表 4-15），它更能准确清楚地表现出京津冀城市群各经济增长板块之间的溢出效应。表 4-15 中，第二经济增长板块和第三经济增长板块在像矩阵中对角线的数为 1，说明这两个经济增长板块的内部各城市经济增长具有显著的关联性，进一步说明了这两个板块具有"俱乐部"效应。像矩阵除了能反映出板块间的溢出效应，还能反映出京津冀城市群经济增长的传导机制。

表 4-14　京津冀城市群各经济增长板块的密度矩阵

	第一经济增长板块	第二经济增长板块	第三经济增长板块	第四经济增长板块
第一经济增长板块	0.167	0.167	0.688	0.667
第二经济增长板块	0.250	0.333	0.167	0.556
第三经济增长板块	0.000	0.083	0.583	0.333
第四经济增长板块	0.000	0.333	0.083	0.333

表4-15　京津冀城市群各经济增长板块的像矩阵分布

	第一经济增长板块	第二经济增长板块	第三经济增长板块	第四经济增长板块
第一经济增长板块	0	0	1	1
第二经济增长板块	0	1	0	1
第三经济增长板块	0	0	1	1
第四经济增长板块	0	1	0	1

根据经济增长的传递机制可以画出图4-13，由图4-13可以看出，"净溢出板块"第一板块是京津冀城市群经济增长的原动力，它将城市群经济增长的动力传导给第三经济增长板块和第四经济增长板块；第三经济增长板块同时也将城市群经济增长的动力传导给第四经济增长板块；第四经济增长板块和第二经济增长板块相互传导经济增长的动力。

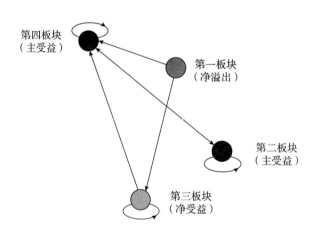

图4-13　京津冀城市群四大经济增长板块的相互作用

将表4-16中大于0.267的数赋值为1，小于0.267的数赋值为0，可得到中原城市群经济增长空间关联网络各经济增长板块的像矩阵（见表4-17），它能更准确、清楚地表现出中原城市群各经济增长板块之间的溢出效应。表4-17中，各经济增长板块在像矩阵中对角线的数为1，说明各经济增长板块的内部各城市经济增长具有显著关联性，进一步说明了各经济增长板块具有"俱乐部"效应。像矩阵除了能反映出板块间的溢出效应，还能反映出中原城市群经济增长的传递机制。

表 4-16 中原城市群各经济增长板块的密度矩阵

	第一经济增长板块	第二经济增长板块	第三经济增长板块	第四经济增长板块
第一经济增长板块	0.361	0.593	0.123	0.067
第二经济增长板块	0.130	0.467	0.278	0.100
第三经济增长板块	0.099	0.519	0.333	0.267
第四经济增长板块	0.200	0.233	0.222	0.450

表 4-17 中原城市群各经济增长板块的像矩阵分布

	第一经济增长板块	第二经济增长板块	第三经济增长板块	第四经济增长板块
第一经济增长板块	1	1	0	0
第二经济增长板块	0	1	1	0
第三经济增长板块	0	1	1	1
第四经济增长板块	0	0	0	1

根据经济增长的传导机制可以画出图4-14，由图4-14可以看出，"双向溢出板块"第一板块是中原城市群经济增长的原动力，它将城市群经济增长的动力传导给"净受益板块"第二板块，然后第二经济增长板块又将中原城市群经济增长的动力传导给"经纪人板块"第三经济增长板块，最后通过第三经济增长板块将城市群经济增长的动力传导给第四经济增长板块。在传导过程中第二经济增长板块和第三经济增长板块相互作用，相互传导城市群经济增长的动力，起到共同促进的作用。

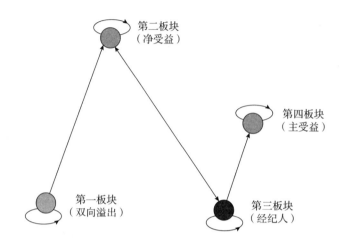

图 4-14　中原城市群四大经济增长板块的相互作用

　　根据上面的分析可以看出，在京津冀城市群和中原城市群经济增长板块结构中，都是第一板块（溢出类增长板块）作为各自城市群经济增长的原动力；而在珠三角城市群经济增长板块结构中，第四板块（溢出类板块）是珠三角城市群经济增长的原动力；在长三角城市群中有两个原动力板块——第一板块（净溢出板块）和第二板块（双向溢出板块）。京津冀城市群、长三角城市群和中原城市群都是经济发达的地区作为原动力来促进地区经济协调增长；而珠三角城市群是人口流出人数多的地区作为经济增长的原动力（据 2017 年《广东统计年鉴》知，茂名市是全国流出人口最多的城市，达到 186.53 万人），这些地区（第四经济增长板块）劳动力流入珠三角城市群经济发达和工业发达地区（第一、第二和第三经济增长板块），这些经济增长板块形成了一个"经济循环"系统，促进发达地区高速发展，越来越发达，有着显著的马太效应。这说明了京津冀城市群、长三角城市群和中原城市群的经济增长原动力为"资本溢出型"，而珠三角城市群的经济增长原动力为"劳动溢出型"。

　　四大城市群内部四大经济增长板块的"动力传导通道"的数量有所不同，京津冀城市群和长三角城市群内部四大经济增长板块的"动力传导通道"的数量为 5，中原城市群和珠三角城市群内部四大经济增长板块的"动力传导通道"的数量为 4，说明长三角城市群和京津冀城市群内部动力传导机制较为完善和复杂，中原城市群和珠三角城市群内部动力传导机制较为简单，但是珠三角城市群中出现了经济增长的"循环"系统。中原城市群各经济增长板块都具有"俱乐部"效应，长三角城市群中有三个经济增长板块具有"俱乐部"效应，京津冀城市群中有两个经济增长板块具有"俱乐部"效应，珠三角城市群中有一个经济增长板块具有"俱乐部"效应。

4.3　河南县域经济联系空间格局

本节以河南省 2014 年行政区划为标准，研究河南省 108 个县域（包括县级市）的经济联系格局演化。基于历年行政区划变更，本书对数据进行整理时，根据历年 GDP 总量计算年均增长率，将开封县、许昌县、陕县近两年的数据进行估算。对于 2002 年更改为郾城区的郾城县数据予以删除（见表 4-18）。

表 4-18　2000 年以来行政区划变更说明

地市名称	下辖县区	备注
郑州市	中牟县、巩义市、荥阳市、新密市、新郑市、登封市	
开封市	杞县、通许县、尉氏县、开封县、兰考县	2014 年开封县划归为开封市祥符区
洛阳市	孟津县、新安县、嵩县、宜阳县、汝阳县、洛宁县、伊川县、偃师市、栾川县	
平顶山市	宝丰县、叶县、鲁山县、郏县、舞钢市、汝州市	
安阳市	安阳县、汤阴县、滑县、内黄县、林州市	
鹤壁市	浚县、淇县	

续表

地市名称	下辖县区	备注
新乡市	新乡县、获嘉县、原阳县、延津县、封丘县、长垣县、卫辉市、辉县市	
焦作市	修武县、博爱县、武陟县、温县、沁阳市、孟州市	
濮阳市	清丰县、南乐县、范县、台前县、濮阳县	
许昌市	许昌县、鄢陵县、襄城县、禹州市、长葛市	2016年许昌县划归为许昌市建安区
漯河市	舞阳县、临颍县	2002年郾城县更名为郾城区
三门峡市	渑池县、陕县、卢氏县、义马市、灵宝市	2014年陕县划归为三门峡市陕州区
南阳市	方城县、镇平县、南召县、内乡县、淅川县、西峡县、社旗县、桐柏县、唐河县、新野县、邓州市	
商丘市	睢县、宁陵县、民权县、柘城县、夏邑县、虞城县、永城市	
信阳市	淮滨县、光山县、罗山县、新县、固始县、商城县、潢川县、息县	
周口市	扶沟县、西华县、商水县、沈丘县、郸城县、淮阳县、太康县、鹿邑县、项城市	
驻马店市	西平县、平舆县、上蔡县、确山县、正阳县、泌阳县、遂平县、汝南县、新蔡县	

4.3.1 河南省县域经济联系网络建立

运用2000~2016年108个县域的人均GDP值作为基础的分析数据，并通过相对人均GDP对每年数据进行整理。为了去除时间趋势的影响，对数据进行取对数处理。为了使 VAR 模型的变量具有平衡性，对所有的变量先进行 ADF 检验。然后，我们对所有变量进行一阶差分处理，之后建立两两县域间的 VAR 模型。由于该模型结果对时滞的选择非常敏感，我们用 SC、FPE、HQ、LR、AIC 五种方法进行最优时滞的选择，按三种以上方法结果一致的原则确定最优时滞。然后进行 VAR Granger Causality 分析，用 10% 作为显著性检验标准。最后通过检验确定的关系有 4092 个（因篇幅有限，相关检验的原始结果没有列出）。根据这些检验结果，可画出河南省区域经济增长空间关联网络图。结果表明，河南省经济增长空间关联网络通过"管道"进行空间溢出；每个县域至少存在 1 个空间关系，因此河南区域经济增长在空间上是"普遍联系的"。运用 NetDraw 软件绘制出 2000～2016 年河南省县域的经济网络结构图，可以清晰地看出：河南省县域经济在 17 年间，各县域经济联系网络较为密集，并且形成了坚固的环形网络（见图 4-15），经济发展的协调度较高。

4.3.2 河南省县域经济联系网络特征分析

利用 Ucinet 6.0 计算出 2000～2016 年河南省县域经济结构网络的整体网络密度为 0.3541，108 个县域之间最大可能关系为 11664 个，实际存在的关联关系数为 4092 个。相较于江苏省县（市）的经济联系度 0.9836、安徽省 2013 年县（市）的经济联系强度 0.712，河南省整体经济联系密度较低，说明各县域之间经济关联度仍有较大的发展空间。

在河南省经济网络关系中，各关系之间具有方向性，总体可分为溢出关联关系数和收益关联关系数。由表 4-19 可以看到河南省县域中溢出关联关系数最多的是伊川县，表明对于伊川县，其对河南省其他县域的输出关系有 62 条，而最低的许昌县，其溢出关系数不到伊川县的 1/6（10 条）。栾川县、孟州市、新安县、扶沟县也分别在全省对外经济联系中占据前列位置，分别为 59 条、59 条、58 条、56 条。对于收益关系，渑池县的收益关联关系最多，共 66 条，其次是南乐县 58 条，林州市、荥阳市和杞县同为 57 条。

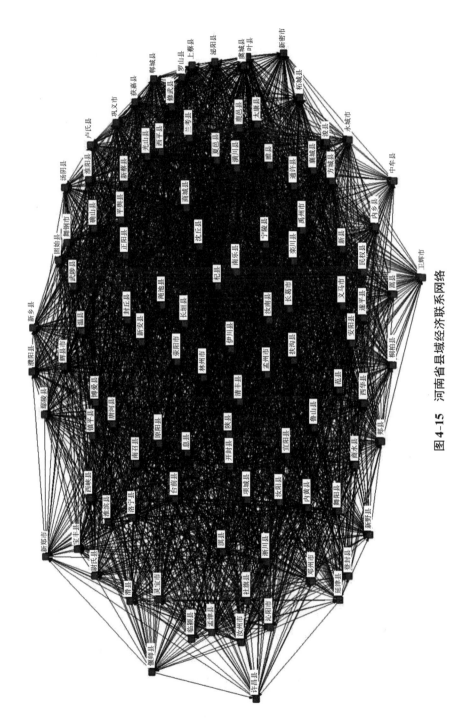

图 4-15　河南省县域经济联系网络

表 4-19　河南省县域经济溢出收益及净辐射量

县域	溢出关联关系	县域	收益关联关系	县域	净辐射量
伊川县	62	渑池县	66	新安县	39
栾川县	59	南乐县	58	泌阳县	28
孟州市	59	荥阳市	57	伊川县	25
新安县	58	杞县	57	孟州市	23
扶沟县	56	林州市	57	兰考县	23
修武县	55	长垣县	55	开封县	22
泌阳县	53	襄城县	55	修武县	20
开封县	50	长葛市	54	内黄县	19
禹州市	50	夏邑县	53	西华县	18
商城县	50	通许县	52	卢氏县	18
沈丘县	50	清丰县	52	鄢陵县	18
兰考县	49	睢县	51	汝州市	18
温县	49	范县	50	灵宝市	18
卢氏县	49	潢川县	50	栾川县	17
西华县	49	汝南县	50	温县	16
鹿邑县	48	方城县	48	柘城县	16
长葛市	47	息县	48	叶县	16
西平县	47	巩义市	46	博爱县	13
汝南县	47	浚县	46	商水县	12
叶县	46	新县	46	沈丘县	11
内黄县	46	扶沟县	46	商城县	11
柘城县	46	获嘉县	45	辉县市	11
宁陵县	45	封丘县	45	临颍县	11
原阳县	44	内乡县	45	扶沟县	10
陕县	44	汝阳县	44	鹿邑县	10
义马市	44	禹州市	44	濮阳县	10
太康县	44	南召县	44	太康县	9

续表

县域	溢出关联关系	县域	收益关联关系	县域	净辐射量
新蔡县	44	光山县	44	西平县	8
安阳县	43	新乡县	43	原阳县	7
清丰县	43	西峡县	43	邓州市	7
新县	43	宁陵县	43	滑县	7
商水县	43	遂平县	43	禹州市	6
郸城县	43	新蔡县	43	安阳县	6
遂平县	43	栾川县	42	项城市	5
林州市	42	义马市	42	郸城县	5
博爱县	42	镇平县	42	舞钢市	4
襄城县	42	民权县	42	社旗县	4
夏邑县	42	正阳县	42	罗山县	4
平舆县	42	宜阳县	41	陕县	3
宜阳县	41	陕县	41	桐柏县	3
封丘县	41	平舆县	41	宝丰县	3
鄢陵县	41	鲁山县	40	义马市	2
舞钢市	40	舞阳县	40	宁陵县	2
辉县市	40	淮阳县	40	淮滨县	2
睢县	40	确山县	40	永城市	2
罗山县	40	郏县	39	新蔡县	1
潢川县	40	武陟县	39	淇县	1
方城县	39	商城县	39	平舆县	1
项城市	39	沈丘县	39	宜阳县	0
汝阳县	38	西平县	39	遂平县	0
武陟县	38	汤阴县	38	孟津县	0
光山县	38	台前县	38	唐河县	0
巩义市	37	郸城县	38	上蔡县	0
淇县	37	鹿邑县	38	延津县	0

县域	溢出关联关系	县域	收益关联关系	县域	净辐射量
渑池县	37	伊川县	37	登封市	0
唐河县	37	安阳县	37	武陟县	-1
桐柏县	37	原阳县	37	台前县	-2
台前县	36	唐河县	37	淅川县	-2
民权县	36	虞城县	37	固始县	-2
正阳县	36	舞钢市	36	汝南县	-3
汝州市	35	淇县	36	汤阴县	-3
汤阴县	35	孟州市	36	新县	-3
长垣县	35	罗山县	36	封丘县	-4
南乐县	35	固始县	36	嵩县	-4
范县	35	新密市	35	中牟县	-5
灵宝市	35	嵩县	35	偃师市	-5
社旗县	35	洛宁县	35	汝阳县	-6
永城市	35	修武县	35	郏县	-6
上蔡县	35	太康县	35	民权县	-6
荥阳市	34	上蔡县	35	正阳县	-6
孟津县	34	尉氏县	34	光山县	-6
濮阳县	34	孟津县	34	确山县	-6
固始县	34	淅川县	34	卫辉市	-6
淮滨县	34	桐柏县	34	新郑市	-6
确山县	34	项城市	34	长葛市	-7
郏县	33	温县	33	淮阳县	-7
滑县	33	永城市	33	洛宁县	-8
获嘉县	33	淮滨县	32	清丰县	-9
邓州市	33	卢氏县	31	巩义市	-9
息县	33	社旗县	31	方城县	-9
淮阳县	33	新野县	31	舞阳县	-9

续表

县域	溢出关联关系	县域	收益关联关系	县域	净辐射量
杞县	32	西华县	31	新野县	-9
西峡县	32	商水县	31	新密市	-9
淅川县	32	叶县	30	潢川县	-10
嵩县	31	卫辉市	30	鲁山县	-10
舞阳县	31	沁阳市	30	虞城县	-10
南召县	31	柘城县	30	沁阳市	-10
镇平县	31	辉县市	29	西峡县	-11
通许县	30	博爱县	29	镇平县	-11
宝丰县	30	开封县	28	睢县	-11
鲁山县	30	延津县	28	夏邑县	-11
临颍县	30	中牟县	27	尉氏县	-11
延津县	28	登封市	27	获嘉县	-12
登封市	27	宝丰县	27	许昌县	-12
洛宁县	27	内黄县	27	襄城县	-13
内乡县	27	兰考县	26	南召县	-13
虞城县	27	滑县	26	林州市	-15
新密市	26	邓州市	26	息县	-15
浚县	26	泌阳县	25	范县	-15
新乡县	26	濮阳县	24	新乡县	-17
卫辉市	24	偃师市	23	内乡县	-18
尉氏县	23	鄢陵县	23	长垣县	-20
中牟县	22	新郑市	22	浚县	-20
新野县	22	许昌县	22	通许县	-22
沁阳市	20	新安县	19	南乐县	-23
偃师市	18	临颍县	19	荥阳市	-23
新郑市	16	汝州市	17	杞县	-25
许昌县	10	灵宝市	17	渑池县	-29

　　根据溢出与收益可计算出每个县净辐射量的大小。辐射量大代表其总体经济是溢出的，属于经济扩散县；当辐射量为负值时，则代表该县总体经济是收益的，属于经济集聚县。在河南省 108 个县域中，净辐射为正的经济扩散型县域共有 48 个，占全省县域的 44%；净辐射为 0 的经济扩散集聚平衡的县域共有 7 个，占全省县域的 6%；净辐射为负值的经济集聚型县域共有 53 个，占全省县域的 49%（见表 4-20）。其中，新安县净辐射值最高，为 39，是位居第二的泌阳县的 1.39 倍，是河南省县域中首要经济辐射源。

表 4-20　河南县域经济联系净辐射类型

净辐射类型	包含县域
净辐射为正	新安县、泌阳县、伊川县、孟州市、兰考县、开封县、修武县、内黄县、西华县、卢氏县、鄢陵县、汝州市、灵宝市、栾川县、温县、柘城县、叶县、博爱县、商水县、沈丘县、商城县、辉县市、临颍县、扶沟县、鹿邑县、濮阳县、太康县、西平县、原阳县、邓州市、滑县、禹州市、安阳县、项城市、郸城县、舞钢市、社旗县、罗山县、陕县、桐柏县、宝丰县、义马市、宁陵县、淮滨县、永城市、新蔡县、淇县、平舆县
净辐射为 0	宜阳县、遂平县、孟津县、唐河县、上蔡县、延津县、登封市
净辐射为负	武陟县、台前县、淅川县、固始县、汝南县、汤阴县、新县、封丘县、嵩县、中牟县、偃师市、汝阳县、郏县、民权县、正阳县、光山县、确山县、卫辉市、新郑市、长葛市、淮阳县、洛宁县、清丰县、巩义市、方城县、舞阳县、新野县、新密市、潢川县、鲁山县、虞城县、沁阳市、西峡县、镇平县、睢县、夏邑县、尉氏县、获嘉县、许昌县、襄城县、南召县、林州市、息县、范县、新乡县、内乡县、长垣县、浚县、通许县、南乐县、荥阳市、杞县、渑池县

　　中心性分析可以有效地将整个区域中各节点在网络中的地位显示出来。利用 Ucinet 6.0 计算出区域内各县域的度数中心度和中间中心度（见表 4-21）。其中，度数中心度最高的 11 个县为渑池县、林州市、扶沟县、长垣县、长葛市、清丰县、伊川县、南乐县、孟州市、汝南县、杞县，说明在河南县域经济增长的空间关联网络中，与这些县域直接相关联的关联关系最多。对于中间中心度指标，较高的 10 个

县为扶沟县、林州市、长葛市、伊川县、汝南县、南乐县、原阳县、陕县、长垣县、渑池县,而渑池县、林州市、扶沟县、长葛市、伊川县、南乐县、汝南县7个县域的度数中心度与中间中心度排名皆在前10。由此可以发现,当某个县域在网络中经济联系多时,其在网络中的传导与桥梁作用也很大。

表4-21 河南县域经济联系中心性分析

县域	度数中心度	中间中心度	县域	度数中心度	中间中心度
林州市	74.766	1.093	兰考县	64.486	0.516
渑池县	74.766	0.873	温县	64.486	0.663
扶沟县	73.832	1.307	原阳县	64.486	0.916
长葛市	72.897	1.035	义马市	64.486	0.83
清丰县	72.897	0.867	新蔡县	64.486	0.624
长垣县	72.897	0.88	新县	64.486	0.619
伊川县	71.028	0.954	封丘县	64.486	0.668
南乐县	71.028	0.919	通许县	64.486	0.531
孟州市	70.093	0.808	新安县	63.551	0.659
汝南县	70.093	0.945	修武县	63.551	0.751
杞县	70.093	0.718	西平县	63.551	0.612
陕县	69.159	0.882	襄城县	63.551	0.785
栾川县	68.224	0.843	开封县	62.617	0.524
宁陵县	68.224	0.806	内黄县	62.617	0.638
禹州市	67.29	0.789	鹿邑县	62.617	0.572
睢县	67.29	0.688	项城市	62.617	0.608
荥阳市	67.29	0.775	遂平县	62.617	0.668
商城县	66.355	0.559	确山县	62.617	0.414
光山县	66.355	0.445	夏邑县	62.617	0.654
沈丘县	65.421	0.772	息县	62.617	0.761
太康县	65.421	0.594	安阳县	61.682	0.704
宜阳县	65.421	0.719	武陟县	61.682	0.645
潢川县	65.421	0.67	民权县	61.682	0.603
范县	65.421	0.623	正阳县	61.682	0.473

续表

县域	度数中心度	中间中心度	县域	度数中心度	中间中心度
方城县	61.682	0.723	舞阳县	55.14	0.646
镇平县	61.682	0.778	西峡县	55.14	0.779
西华县	60.748	0.665	浚县	55.14	0.509
博爱县	60.748	0.664	洛宁县	54.206	0.598
平舆县	60.748	0.519	虞城县	54.206	0.42
唐河县	60.748	0.589	淅川县	53.271	0.581
台前县	60.748	0.692	新乡县	53.271	0.567
汝阳县	60.748	0.752	社旗县	51.402	0.574
鲁山县	60.748	0.594	永城市	51.402	0.438
获嘉县	60.748	0.589	嵩县	51.402	0.457
南召县	60.748	0.749	邓州市	50.467	0.452
泌阳县	59.813	0.401	淮滨县	50.467	0.616
舞钢市	59.813	0.674	濮阳县	49.533	0.393
淮阳县	59.813	0.478	孟津县	49.533	0.638
巩义市	59.813	0.795	新密市	48.598	0.337
卢氏县	58.879	0.532	灵宝市	45.794	0.297
固始县	58.879	0.457	汝州市	44.86	0.332
郸城县	57.944	0.566	滑县	44.86	0.389
罗山县	57.944	0.458	宝丰县	44.86	0.454
汤阴县	57.944	0.647	沁阳市	44.86	0.339
柘城县	57.009	0.641	尉氏县	43.925	0.359
商水县	57.009	0.605	临颍县	42.991	0.301
郏县	57.009	0.667	延津县	42.991	0.407
桐柏县	56.075	0.554	登封市	42.991	0.326
淇县	56.075	0.605	新野县	42.056	0.371
上蔡县	56.075	0.53	卫辉市	41.121	0.410
内乡县	56.075	0.651	中牟县	39.252	0.271
鄢陵县	55.14	0.481	偃师市	35.514	0.216
叶县	55.14	0.502	新郑市	33.645	0.225
辉县市	55.14	0.455	许昌县	28.037	0.118

度数中心度可以反映出县际在河南省经济联系网络结构中占据的中心地位程度，度数中心度越高，反映出经济联系的强度越强，对县际经济分析具有重要意义。因此，利用计算出的点度中心度通过ArcGIS 10.5 的自然段裂点分析出的度数级别共 5 级。其中，第一级别度数中心度为 68~75，县域较为分散地集中在河南省中部及北部地区，可大致分为三个强度圈——北部强度圈、中东部强度圈、西北部强度圈，是河南省主要经济联系带动区；第二级别度数中心度为 59~67，县域主要集中在北部、中西部和中东部，呈现出一个较为明显的 "Y"型；第三级别度数中心度为 50~58，县域主要集中在河南省的最西部，其余零散分布在第二级别周围；第四级别度数中心度为 36~49，县域集中分布在河南省中部并个别延伸至北部区域；第五级别度数中心度为 28~35，县域零星分布于地级市的市辖区周围。通过可视化的分析图可以看出，河南省县域度数中心度的分级有一定的地域集中性，特别是中心度较高、处于中等水平的县域，大多集中分布。其中，中心度最高的林州市是河南省重要的县级市、主要的旅游县市，是人工天河——红旗渠的故乡，在 2018 年入选全国县域经济综合竞争力 100 强。这个位于河南省最北部的县级市凭借自身优越的自然条件发展旅游业，为河南省经济做出巨大贡献，成为河南省主要的经济联系中心，但是其净辐射量却很低，为负值，代表其主要是经济集聚区。而中心度较低的新郑市和许昌县度数中心度仅有33.645 和 28.037，不及排名第一的林州市的 1/2，经济联系较弱，有很大的发展空间。

4.3.3　河南省县域经济联系块模型分析

凝聚子群是指成员之间具有相对较强的、直接的、紧密的、经常的或者积极的关系所构成的一个成员的子集合。为了揭示河南省内部各县的经济联系格局情况，本小节以 108 个县的经济联系强度数据为基础，利用 Ucinet 6.0 中的 CONCOR 法（迭代相关收敛法）对河南省各县经济联系网络的内部微观结构进行聚类分析，选择最大分割深度为2、收敛标准为0.2，得到四个经济联系板块（见表4-22），每一个板块是多个经济联系较强且结构类似的县的集合，从而考量河南省内部哪些县经济关系强且联系紧密，并以此判断分析块与块之间的相互作用关系。第一板块包含了33个县域，第二板块包含了37个县域，第三板块包含了21个县域，第四板块包含了17个县域。

表4-22 河南省县域经济增长板块划分

第一板块	渑池县、林州市、长垣县、长葛市、清丰县、南乐县、汝南县、杞县、孟州市、栾川县、禹州市、宜阳县、范县、原阳县、义马市、通许县、封丘县、新县、襄城县、西平县、遂平县、开封县、民权县、方城县、安阳县、鲁山县、汤阴县、内乡县、浚县、永城市、嵩县、新乡县、中牟县
第二板块	扶沟县、荥阳市、睢县、商城县、光山县、太康县、沈丘县、潢川县、新蔡县、温县、兰考县、修武县、夏邑县、息县、确山县、鹿邑县、正阳县、武陟县、唐河县、平舆县、获嘉县、舞钢市、泌阳县、淮滨县、巩义市、卢氏县、固始县、罗山县、郸城县、上蔡县、叶县、辉县市、虞城县、新密市、淮阳县、卫辉市、新郑市
第三板块	内黄县、镇平县、汝阳县、博爱县、桐柏县、淇县、鄢陵县、西峡县、洛宁县、淅川县、社旗县、邓州市、孟津县、灵宝市、汝州市、滑县、宝丰县、尉氏县、临颍县、登封市、许昌县
第四板块	伊川县、陕县、宁陵县、新野县、项城市、西华县、台前县、南召县、柘城县、商水县、郏县、舞阳县、濮阳县、新安县、沁阳市、延津县、偃师市

从空间分布来看，板块的划分并没有很强的地域关系，但每一个板块内部成员有一定的集中性：第一板块县域主要集中在河南省的西北部和东北部；第二板块县域主要集中在河南省的南部、中北部和东部；第三板块县域主要集中在河南省的西部和中部；第四板块县域基本在全省分散分布。

具体而言，从各板块内部经济联系密度来看（见表4-23），四个板块的内部经济密度相差不大。其中，第二板块内部的密度较大，为

0.432，表明该板块内各县（市）经济联系最为紧密；其次是第一板块，密度为 0.43；而第四板块内部密度最小，其各县域经济联系最为松散。从各板块相互间的经济联系密度来看，第二板块对第一板块经济联系的密度最大，为 0.509，说明板块二对板块一的县市经济联系较为紧密；第二板块对第三、第四板块的经济联系密度均小于其内部密度，也小于全省县市经济联系的网络密度，表明板块三和板块四经济发展相对孤立，以各自内部县市经济联系为主，与其他板块的县市经济联系较少。

表4-23 河南省各县域经济增长板块密度矩阵

	第一板块	第二板块	第三板块	第四板块
第一板块	0.430	0.360	0.300	0.348
第二板块	0.509	0.432	0.176	0.213
第三板块	0.232	0.273	0.426	0.381
第四板块	0.439	0.305	0.289	0.360

在河南省4092个经济关联关系中，四个经济板块内部的关联关系数为1307个，各板块之间的经济关联数为2785个，说明板块之间有非常明显的溢出效应（见表4-24）。第一个经济增长板块发出关系数1296个，其中属于板块内部的关联关系454个，接收到其他板块的关联关系1029个，期望的内部关联关系比例为30%，而实际的内部关联关系比例为35%，因此是"主受益板块"。第二个经济增长板块发出关系数1469个，其中属于板块内部的关联关系576个，接收到其他板块的关联关系数是843个，期望的内部关联关系比例为35%，而实际的内部关联关系比例为38%，对板块内外均产生了溢出作用，因此是"双向溢出板块"。第三个经济增长板块发出关系数688个，其中属于板块内部的关联关系179个，接收到其他板块的关联关系数是448个，期望的内部关联关系比例为19%，而实际的内部关联关系比例为26%，因此是"净溢出板块"。第四个经济增长板块发出关系数639个，其中内部关联关系为98个，接收到其他板块的关联关系数是465

表 4-24　河南省各县域经济增长板块之间溢出效应分析

经济板块	第一板块	第二板块	第三板块	第四板块	发出关系总数	发出板块外的关联关系数	接收板块外的关联关系数	实际的内部关联关系比例	期望的内部关联关系比例	经济增长板块特征
第一板块	454	439	208	195	1296	842	1029	0.35	0.30	主受益板块
第二板块	622	576	137	134	1469	893	843	0.38	0.35	双向溢出板块
第三板块	161	212	179	136	688	509	448	0.26	0.19	净溢出板块
第四板块	246	192	103	98	639	541	465	0.15	0.16	经纪人板块

个，期望的内部关联关系比例为 16%，而实际的内部关联关系比例为 15%。因此是典型的"经纪人板块"，在经济增长的溢出效应中起到了"桥梁"作用。

因为整个网络的密度值为 0.3541，对各板块之间密度进行 0、1 赋值，若板块密度大于整体网络密度 0.3541，表明该板块密度大于总体水平。将表 4-23 中大于 0.3541 的赋值 1，小于的赋值 0，可得到像矩阵（见表 4-25）。像矩阵更清晰地显示出了各经济增长板块之间的溢出效应。像矩阵对角线上全部为 1，说明河南省县域各板块内部经济增长具有显著的关联性，代表有明显的"俱乐部"效应。

表 4-25　河南省经济增长板块像矩阵

	第一板块	第二板块	第三板块	第四板块
第一板块	1	1	0	0
第二板块	1	1	0	0
第三板块	0	0	1	1
第四板块	1	0	0	1

从以上的像矩阵可以清晰地看出河南省经济增长的传递机制（见图 4-16）。河南省经济增长的发动机是第二板块，它将经济增长的动能传递给第四板块，第四板块充当了明显的桥梁和枢纽作用。第四板块又传递给第一板块经济增长的动能。第一板块与第二板块同时进行相互的经济增长的传递。该经济传递机制具有较为明显的"梯度"特征。从总体来看，河南省各县域经济联系板块格局与中国区域的经济联系板块格局比较而言较为单一，不够稳定，每个板块基本上除了内部经济联系之外只和另外一个板块有较强的经济联系（见图 4-17）。

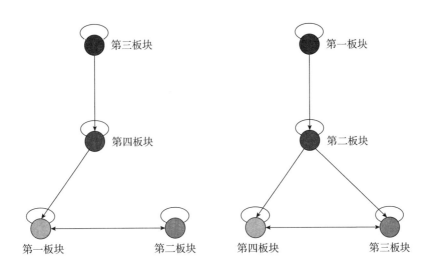

图 4-16　河南省四大经济增长　　　　图 4-17　中国四大经济增长
板块相互关系　　　　　　　　板块相互关系

4.4　河南省县域经济空间联系网络
影响因素分析

4.4.1　影响因素的选择

　　一个省的经济联系的影响因素必定是多样的，社会发展水平、自然条件、区域条件的差异等都可能对县域经济联系产生影响。本小节主要从经济指标方面对选取的影响因子做模型分析。其中，经济指标包括财政支出比重、第一产业比重、第二产业比重、劳动力比重、县域是否在中原城市群、人均收入对数值、是否有铁路、溢出关联关系、收益关联关系9个因子。其中，是否在中原城市群核心及是否有铁路均为虚拟变量，用0或1表示。由于影响因素初始值及其变化都有可能影响到凝聚子群的形成，因此本小节在做影响因子的选择时除了虚拟变量及经济溢出收益数之外，其余每个因子皆统计了2000年初始值及2000~2016年变量值，共14个因子（见表4-26）。

表4-26　影响因素说明

变量	符号表示	含义
财政支出初始值	Expen1	2000年地方财政支出占GDP比重
财政支出变化值	Expen2	2000~2016年地方财政支出占GDP比重差值
第一产业比重初始值	Agri1	2000年第一产业产值占GDP比重
第一产业比重变化值	Agri2	2000~2016年第一产业产值占GDP比重差值
第二产业比重初始值	Indus1	2000年第二产业产值占GDP比重
第二产业比重变化值	Indus2	2000~2016年第二产业产值占GDP比重差值
劳动力比重初始值	Labor1	2000年从业人数占地区年平均人数比重
劳动力比重变化值	Labor2	2000~2016年从业人数占地区年平均人数比重差值
是否在中原城市群核心	Central	是为1，否为0
人均收入初始值	Income1	2000年人均收入对数值
人均收入变化值	Income2	2000~2016年人均收入对数值差值
是否有铁路	Rail	是为1，否为0
溢出关联关系	Spillove	2000~2016年经济联系溢出数量
收益关联关系	Receipt	2000~2016年经济联系收益数量

4.4.2　影响因素分析结果

本小节以有序响应Logit模型为基础，根据上文划分出的河南省经济联系块，将每个县域根据所属板块分别赋值1、2、3、4，通过Stata将每个板块的回归结果计算出来。回归结果中以15%的显著性水平为界，若P>|z|值小于0.15，则该值对应的影响因素通过显著性水平

0.15 的检验。

第一板块为河南省的主受益板块，在河南省县域经济联系网络中主要担当经济主受益的角色。从回归结果来看，第一产业比重初始值、第二产业比重初始值、人均收入初始值与变化值、溢出关联关系数和收益关联关系数通过显著性检验（见表4-27）。其中，第一产业初始值与第二产业初始值对河南省县域形成第一板块具有显著负向影响，而人均收入初始值与变化值、溢出关联关系数和收益关联关系数对河南省县域形成第一板块具有显著正向影响。

表4-27　影响河南省县域第一经济板块因素

	第一板块					
	dy/dx	Std. Err.	z	P>z	[95% Conf. Interval]	
Expen1	−1.941	3.225	−0.600	0.547	−8.262	4.380
Expen2	1.530	1.364	1.120	0.262	−1.144	4.205
Agri1	−2.113	1.094	−1.930	0.053	−4.256	0.031
Agri2	−1.435	1.368	−1.050	0.294	−4.116	1.245
Indus1	−2.171	0.804	−2.700	0.007	−3.747	−0.596
Indus2	0.063	0.602	0.100	0.917	−1.117	1.243
Labor1	0.719	0.704	1.020	0.307	−0.661	2.098
Labor2	−0.174	0.226	−0.770	0.443	−0.617	0.270
Central	−0.026	0.088	−0.290	0.769	−0.198	0.146
Income1	1.108	0.555	2.000	0.046	0.020	2.196
Income2	1.070	0.636	1.680	0.093	−0.178	2.317
Rail	0.031	0.079	0.390	0.696	−0.125	0.187
Spillove	0.010	0.004	2.270	0.023	0.001	0.019
Receipt	0.020	0.005	4.160	0.000	0.010	0.029

第二板块为河南省的双向溢出板块，在河南省县域经济联系网络中对板块内外存在着较为平衡的溢出作用，属于不稳定板块。随着时

间的变化，板块中县域有极大可能找到适合自身经济联系的发展方向，向主受益或者主溢出板块转移。从回归结果来看，没有通过显著性检验的因子（见表4-28）。

表4-28　影响河南省县域第二经济板块因素

	第二板块					
	dy/dx	Std. Err.	z	P>z	[95% Conf. Interval]	
Expen1	−0.130	0.413	−0.320	0.752	−0.939	0.679
Expen2	0.103	0.300	0.340	0.732	−0.485	0.691
Agri1	−0.142	0.386	−0.370	0.713	−0.898	0.615
Agri2	−0.096	0.272	−0.350	0.724	−0.630	0.437
Indus1	−0.146	0.398	−0.370	0.714	−0.926	0.635
Indus2	0.004	0.042	0.100	0.921	−0.079	0.088
Labor1	0.048	0.140	0.350	0.730	−0.225	0.322
Labor2	−0.012	0.036	−0.330	0.743	−0.081	0.058
Central	−0.002	0.008	−0.230	0.819	−0.017	0.013
Income1	0.074	0.210	0.350	0.723	−0.337	0.486
Income2	0.072	0.204	0.350	0.725	−0.329	0.472
Rail	0.002	0.008	0.270	0.790	−0.013	0.017
Spillove	0.001	0.002	0.360	0.719	−0.003	0.004
Receipt	0.001	0.004	0.370	0.714	−0.006	0.008

第三板块为河南省的净溢出板块，在河南省县域经济联系网络中主要担当经济增长发动机的角色。从回归结果来看，第一产业比重初始值、第二产业比重初始值、人均收入初始值和变化值、溢出关联关系数、收益关联关系数通过显著性检验（见表4-29）。其中，第一产业初始值与第二产业初始值对河南省县域形成第一板块具有显著正向影响，而人均收入初始值与变化值、溢出关联关系数和收益关联关系数对河南省县域形成第一板块具有显著负向影响。该板块影响因子的系数特征与第一板块完全相反。

表4-29 影响河南省县域第三经济板块因素

	第三板块					
	dy/dx	Std. Err.	z	P>z	[95% Conf. Interval]	
Expen1	1.198	1.993	0.600	0.548	-2.708	5.103
Expen2	-0.944	0.874	-1.080	0.280	-2.656	0.768
Agri1	1.303	0.690	1.890	0.059	-0.048	2.655
Agri2	0.886	0.845	1.050	0.295	-0.771	2.542
Indus1	1.340	0.540	2.480	0.013	0.282	2.397
Indus2	-0.039	0.372	-0.100	0.917	-0.768	0.690
Labor1	-0.444	0.441	-1.010	0.315	-1.308	0.421
Labor2	0.107	0.141	0.760	0.446	-0.168	0.383
Central	0.016	0.054	0.290	0.769	-0.090	0.122
Income1	-0.684	0.379	-1.810	0.071	-1.426	0.058
Income2	-0.660	0.424	-1.560	0.119	-1.491	0.171
Rail	-0.019	0.049	-0.390	0.697	-0.116	0.077
Spillove	-0.006	0.003	-2.080	0.037	-0.012	0.000
Receipt	-0.012	0.004	-3.450	0.001	-0.019	-0.005

第四板块为河南省的经纪人板块，在河南省县域经济联系网络中主要起传递与桥梁作用。从回归结果来看，该板块影响因子的特征与第三板块完全相同：第一产业比重初始值、第二产业比重初始值、人均收入初始值和变化值、溢出关联关系数、收益关联关系数通过显著性检验（见表4-30）。其中，第一产业初始值与第二产业初始值对河南省县域形成第一板块具有显著正向影响，而人均收入初始值与变化值、溢出关联关系数和收益关联关系数对河南省县域形成第一板块具有显著负向影响。

表4-30 影响河南省县域第四经济板块因素

	第四板块					
	dy/dx	Std. Err.	z	P>z	[95% Conf. Interval]	
Expen1	0.874	1.459	0.600	0.549	-1.986	3.733

续表

	第四板块					
	dy/dx	Std. Err.	z	P>z	［95% Conf. Interval］	
Expen2	−0.689	0.623	−1.100	0.269	−1.911	0.533
Agri1	0.951	0.493	1.930	0.054	−0.015	1.917
Agri2	0.646	0.618	1.050	0.295	−0.564	1.856
Indus1	0.977	0.376	2.600	0.009	0.240	1.714
Indus2	−0.028	0.271	−0.100	0.917	−0.560	0.503
Labor1	−0.324	0.320	−1.010	0.312	−0.950	0.303
Labor2	0.078	0.104	0.750	0.451	−0.125	0.281
Central	0.012	0.040	0.290	0.769	−0.066	0.090
Income1	−0.499	0.265	−1.880	0.060	−1.019	0.021
Income2	−0.481	0.298	−1.610	0.106	−1.066	0.103
Rail	−0.014	0.036	−0.390	0.696	−0.084	0.056
Spillove	−0.005	0.002	−2.150	0.032	−0.009	0.000
Receipt	−0.009	0.002	−3.620	0.000	−0.014	−0.004

由以上对河南省县域经济增长四大板块的影响因素分析可以看出，第一产业比重初始值、第二产业比重初始值、人均收入初始值和变化值、溢出关联关系数、收益关联关系数六个影响因子对河南省四大经济增长板块的形成具有显著性影响。从表 4-31 可以看出，县域第一产业比重初始值与第二产业比重初始值对县域形成第三板块与第四板块具有促进作用，而人均收入初始值变化值、溢出关联关系数和收益关联关系数对县域形成第一板块具有促进作用。

表 4-31　四大经济联系板块影响因子总结

第一板块（主受益）		第二板块（双向溢出）	第三板块（净溢出）		第四板块（经纪人）	
显著影响因子	系数	显著影响因子	显著影响因子	系数	显著影响因子	系数
Agri1	负	无	Agri1	正	Agri1	正
Indus1	负	无	Indus1	正	Indus1	正
Income1	正	无	Income1	负	Income1	负

续表

第一板块（主受益）		第二板块（双向溢出）	第三板块（净溢出）		第四板块（经纪人）	
显著影响因子	系数	显著影响因子	显著影响因子	系数	显著影响因子	系数
Income2	正	无	Income2	负	Income2	负
Spillove	正	无	Spillove	负	Spillove	负
Receipt	正	无	Receipt	负	Receipt	负

4.5 本章小结

本章运用 VAR 模型和社会网络分析等方法，在市区人均收入及县域人均收入基础上，首先分析了中原城市群内经济增长的空间关联性，并与国内三大城市群，即长三角城市群、珠三角城市群及京津冀城市群进行了对比。然后以河南省县域为基本研究单元，从经济联系的网络密度、网络中心性、凝聚子群、影响因素四个方面对河南省县域经济联系的空间特征进行分析与评价，得出以下结论：

（1）京津冀城市群经济增长空间关联网络、长三角城市群经济增长空间关联网络、中原城市群经济增长空间关联网络及珠三角城市群经济增长空间关联网络的空间关联关系分别为 53 个、205 个、217 个、54 个，网络密度分别为 0.291、0.315、0.267、0.183，网络效率分别为 0.487、0.4、0.5、0.7，而四大城市群的关联度都为 1。这说明了四大城市群内各城市的紧密程度都不高，长三角城市群的紧密度最高，珠三角城市群的紧密度最低；但四大城市群的空间关联网络都具有很强的稳定性；且四大城市群经济增长的空间溢出存在一定程度的多重叠加现象，长三角城市群经济增长空间溢出的多重叠加现象最为明显，而珠三角城市群经济增长空间溢出的多重叠加现象最不明显。

（2）区域空间关联网络中心性能反映出各城市在城市群中所起的作用和所处的地位。在京津冀城市群经济增长空间关联网络中，廊坊市和张家口市的度数中心度处于京津冀城市群中的前两名，说明城市群中各城市与这两个城市直接相关联的关联关系最多；在长三角城市群经济增长空间关联网络中，铜陵市、镇江市、绍兴市、金华市和合肥市的度数中心度处于长三角城市群中的前五名，说明城市群中各城市与这五个城市直接相关联的关联关系最多；在中原城市群经济增长空间关联网络中，淮北市、邢台市和长治市的度数中心度处于中原城市群中的前三名，说明城市群中各城市与这三个城市直接相关联的关联关系最多；中山市、佛山市、潮州市的度数中心度处于珠三角城市群中的前三名，说明在珠三角城市群经济增长的空间关联网络中，与这三个城市直接相关联的关联关系是最多的。在城市群内部的空间溢出效应上，京津冀城市群、长三角城市群、中原城市群、珠三角城市群内部的重要沟通"传导"和"桥梁"分别为各自城市群的中部地区、中部地区、北部地区、南部地区。

（3）在城市群经济增长空间关联网络的块模型分析上，四大城市群既有相似之处，也有不同之处。从四大城市群内部板块分布上来看，中原城市群拥有最为完整的板块分布，而特别的是珠三角城市群有两个"经纪人板块"；四大城市群都具有受益类板块和溢出类板块这两大类经济增长板块；"溢出板块"包括"净溢出板块"和"双向溢出板块"两种情况；除了长三角城市群两种溢出类板块都具有外，其他三大城市群只具有一种溢出类板块；京津冀城市群、珠三角城市群都是"净溢出板块"，而中原城市群是"双向溢出板块"。四大城市群内部各大经济增长板块之间的溢出效应强弱排序为长三角城市群内部的溢出效应>中原城市群内部的溢出效应>珠三角城市群内部的溢出效应>京津冀城市群内部的溢出效应，因此长三角城市群是带动经济增长的龙头。

（4）四大城市群的经济增长动力传导机制各有特点，但都具有明显的等级性。在京津冀城市群和中原城市群经济增长板块结构中，都是第一板块（溢出类增长板块）作为各自城市群经济增长的原动力；在珠三角城市群经济增长板块结构中，第四板块（溢出类板块）是珠三角城市群经济增长的原动力；在长三角城市群中，有两个原动力板块——第一板块（净溢出板块）和第二板块（双向溢出板块）。

（5）京津冀城市群、长三角城市群和珠三角城市群都是经济发达的地区作为原动力来促进城市群内部经济增长；而珠三角城市群是人口流出人数多的地区作为经济增长的原动力。这说明了京津冀城市群、长三角城市群和中原城市群的经济增长原动力为"资本溢出型"，而珠三角城市群的经济增长原动力为"劳动溢出型"，且珠三角地区具有显著的马太效应。

（6）四大城市群内部四大经济增长板块的"动力传导通道"的数量有所不同。京津冀城市群、长三角城市群、珠三角城市群、中原城市群各自内部四大经济增长板块的"动力传导通道"的数量分别为5、5、4、4，说明了长三角城市群和京津冀城市群内部动力传导机制较为完善和复杂，比较来看，中原城市群和珠三角城市群内部动力传导机制稍显简单，但是珠三角城市群中出现了经济增长的"循环"系统。中原城市群内部各经济增长板块都具有"俱乐部"效应，而京津冀城市群内部和珠三角城市群内部是其中两个经济增长板块具有"俱乐部"效应，长三角城市群内部是其中三个经济增长板块具有"俱乐部"效应。

（7）河南县域整体经济联系密度较低，结构稳定。通过 VAR 模型建立各县域间经济联系，并通过社会网络分析法计算出经济联系网络密度为 0.3541，在未来的经济发展中，仍有较大的发展空间。在 108 个县域中，其中有 48 个县域的净辐射值为正，占全省县域的 44%，净辐射为负值的县域共有 53 个，占全省县域的 49%，表明全省各县域经济溢出与经济收益成平衡关系，整体经济联系结构稳定。

（8）河南县域经济联系中心度地域分布不均衡。整体来看，县域经济联系中心度北部强于南部、东部强于西部。经济联系度高的县域大致形成三个集聚圈：北部强度圈、中东部强度圈、西北部强度圈。在三个经济联系强度圈之间，分布着联系度非常低的一些县域，并呈现出紧邻河南省市辖区分布的特征。在河南省西部，各县域经济联系度普遍不高，全部处于中下水平，可成为未来县域经济联系发展的重点区域。

（9）河南省县域可划分为四个经济联系板块，每一个板块内部成员都有一定的集中性：第一板块县域主要集中在河南省的西北部和东北部；第二板块县域主要集中在河南省的南部、中北部和东部；第三板块县域主要集中在河南省的西部和中部；第四板块县域基本在全省分散分布。其中，第三板块是"净溢出板块"，充当河南省经济增长的发动机，它将经济增长的动能传递给第四板块，第四板块是"经纪人板块"，该增长板块起到了明显的枢纽和桥梁作用。第四板块又传递给第一板块经济增长的动能。第一板块和第二板块分别是"净收益板块"和"双向溢出板块"，进行着相互的经济增长的传递。但是从整体来看，各板块之间的经济传动较为单一。

（10）通过河南省经济联系板块的影响因素分析，结果发现，第一产业比重初始值、第二产业比重初始值、人均收入初始值和变化值、溢出关联关系数、收益关联关系数 6 个影响因子对河南省四大经济增长板块的形成具有显著性影响。其中，第一产业比重初始值与第二产业比重初始值对县域形成第三板块与第四板块具有促进作用，而人均收入初始值和变化值、溢出关联关系数和收益关联关系数对县域形成第一板块具有促进作用。

5

河南区域经济发展趋同俱乐部空间格局及其演变分析

5.1 引言

作为粮食及人口大省的河南，在全国发展的大局中扮演着不可或缺的角色。近年来，各种"国"字当头的战略平台落地河南，河南粮食生产核心区、中原经济区、郑州航空港经济综合试验区、中国跨境电子商务综合试验区等种种战略的落地同时刺激厚重的河南爆发了强大的时代生机。在新时代的要求下，河南需要迅速摆脱两极分化和低效的经济状态，紧跟时代步伐，缩小经济差异，实现区域协调发展，构建和谐美丽的新河南，同时也为与河南经济发展条件、结构相似的省份提供案例参考。俱乐部趋同是指在经济增长的初始条件和结构特征等方面都相似时发生的一种相互趋同现象，因此对这一领域的深入研究有利于探究区域经济的发展轨迹，进而有针对性地制定相应的政策措施，满足新时代对经济协调发展的要求。

在俱乐部趋同的研究领域里，学者们对区域经济发展和缩小经济差异的探索形成了俱乐部趋同的主要阵地。尤其是近些年来，针对趋同俱乐部的研究更是持续增加。纵观国内外学者对趋同俱乐部的研究方法，大致可以分为两类：参数分析和非参数分析。参数分析主要包括横截面分析、面板数据分析、单位根检验及空间计量等方法。如覃成林等（2012）利用空间计量经济模型研究空间外溢对俱乐部趋同的影响，表明空间外溢对区域经济增长确实有影响，以及空间俱乐部趋

経済新常态下河南区域经济协调发展路径研究 •

同客观存在；贺三维等（2016）从全国的省、市、县三个层面出发，建立空间计量学模型，预测中国区域发展的时空格局的发展趋势为由河南境内向西北移动并出现沿海大陆共生的均衡化，未来 10~20 年中国经济重心会继续向北移动，略微偏向东部地区；张伟丽等（2011）则利用 ESDA 方法和空间计量模型相结合对中国 329 个地级市经济增长空间俱乐部趋同进行研究，证实了中国区域经济增长存在 HH 组及 LL 组两个"空间趋同俱乐部"。但是这种参数分析的方法存在变量的内生性和个体效应无法避免等问题。另外，对于趋同而言，最重要的是研究不同区域之间的趋同，而不是某一区域向自己的稳定状态趋同。

非参数分析方法即利用数据驱动技术分析区域增长分布的形态。非参数分析方法及其转移概率能够较好地刻画整体和局部的增长分布动态，马尔可夫链等增长分布方法能够刻画不同截面的分布及其演变，并随着时代的发展也在不断地优化，受到学者们的青睐。如蒲英霞等（2005）利用空间马尔可夫方法分析得出，江苏省在改革开放后形成了发达地区和欠发达地区两个"趋同俱乐部"，并且趋同过程在空间上不独立；张伟丽等（2016）对全国 329 个地级行政单元从时空耦合的角度构建区域经济增长俱乐部趋同的检验方法，结果表明中国区域经济增长存在一个由东部沿海发达地市、辽宁省大部分发达地市及中西部部分省会和资源型发达地市构成的代表较高发展水平的"富裕"的时空耦合趋同俱乐部；Herrerias（2012）则利用动态分布方法分析了中国 28 个省份 1952~2008 年劳动生产率、资本密度及 TFP 等的趋同行为，研究发现中国的 TFP 存在两个趋同俱乐部；李爽爽等（2015）利用马尔可夫链和空间马尔可夫链对河南省县域经济增长俱乐部分布格局进行了研究，认为河南县域经济增长存在四个水平趋同俱乐部，分析出高水平区域集中分布在河南的西北部地区，而低水平区域则集中分布在河南的东部即农业主产区地带；Weili Zhang 等（2019）通过非线性时变因子模型的方法对河南省县域水平进行研究，结果表明河南省存在四个不同水平的趋同俱乐部，其中人均收入分散度随着时间的推移会减少。

在这些研究成果中，除了研究方法的不断完善，还有分组过程的不断创新。如单宝艳（2009）利用主成分分析方法进行区域分组，结合空间马尔可夫链方法对山东省区域经济时空演变进行分析，得出区域类型状态转移受到其相邻区域发展状态的影响，并且其类型受相邻区域正相关的影响；覃成林等（2009）对 CART 分类回归树法进行分组，并基于时空耦合建立随机趋同模型研究 1978~2005 年中国省域的经济增长俱乐部趋同情况，结果表明中国的区域经济增长发生了明显的俱乐部趋同，沿海地区形成了较高水平的趋同俱乐部，其余省份则形成了另外一个趋同俱乐部。这种非参数分析方法属于数据驱动型，基于大量的统计数据通过分析演变来研究其发展变化规律能够更好地突出其优势，很好地避免了参数分析的不足之处。

综合来看，学者们的研究为我们的探索提供了指导和借鉴，但也存在着一些问题。如过多关注经济增长，利用单一的 GDP 指标来衡量经济水平，而忽视了对区域经济的综合评价，不契合新时代背景下对经济高质量发展的追求。又如在趋同检验过程中，学者们大多考虑空间权重来验证俱乐部的空间趋同性，而这种方法的缺点是忽视了地理和经济的耦合，并且在以往的研究中，学者们关注较多的往往是对趋同俱乐部的检验，而忽视对俱乐部趋同演变的预测。为了对趋同俱乐部做进一步研究，以及弥补这些不足，本章基于河南县域水平深入研究区域经济俱乐部趋同，采取综合得分指标，利用马尔可夫和空间马尔可夫对 2001~2016 年河南省各县域不同分组转移矩阵从地理邻居和经济邻居及两者耦合角度进行定量分析，并基于马尔可夫链的动态模型预测趋同俱乐部的演变趋势，同时借助 GIS 技术对论证分析过程进行可视化处理。

5.2　研究区域及数据来源

河南享有"居天下之中"的称号，地处黄河中下游，位于京津冀、长三角、珠三角、成渝城市带和关中城市群之间，有着独特的地理位置，是全国举足轻重的铁路、公路、航空、通信和能源枢纽，是全国第一人口大省、第一农业大省。河南省有 17 个省辖市，1 个省直管市，21 个县级市，87 个县，50 个市辖区，1821 个乡镇（乡 718 个，镇 1103 个），599 个街道办事处，4466 个居民委员会，46938 个村委会。河南省的总面积是 16.7 万平方公里，总人口截至 2016 年末有 9532 万人。

因统计数据及行政区域的变动等客观原因，本章以河南省 108 个县级行政单元为研究对象，研究范围为 2001~2016 年，选取各县域中经济数据共 10 项通过主成分分析得出综合得分以表征区域经济发展水平，研究河南省在此 16 年间的区域经济发展俱乐部趋同现象及其演变趋势。本章原始研究数据全部来自《河南统计年鉴》。

5.3 数据预处理

在以往的文献中，大多数学者采用人均 GDP 或相对人均 GDP 来衡量经济水平，并以此对区域分组，但一个地区的发展水平不能单单用地区生产总值来衡量，环境指数、基础设施、居民幸福指数和满意度也是衡量一个地区发展水平的标准，所以我们应该对其综合分析。本章在人口、产业结构、收入、地方政府干预、金融水平、教育水平、医疗水平等方面选取统计数据，具体采用了 2001~2016 年河南省 108 个县的 10 项统计指标，包括年末总人口、全社会固定资产投资、人均 GDP、农林牧渔业增加值、总播种面积、财政收入、财政支出、金融机构存款余额、在校学生数、卫生机构床位数，如表 5-1 所示。鉴于量纲的存在会对数据产生影响，故首先对数据进行标准化处理，本章采用的标准化方法为标准差标准化。标准化处理后的数据，各要素的平均值为 0，标准差为 1，可有效消除量纲的影响。

表 5-1　经济发展指标体系

一级指标	二级指标	依据
人口	年末总人口	总人口是衡量经济发展的因素之一
收入水平	人均 GDP	GDP 是衡量经济增长的一个重要依据
产业结构	全社会固定资产投资、农林牧渔增加值、总播种面积	产业结构决定经济发展的水平
地方政府干预	财政收入、财政支出	区域政策对经济发展产生重要影响
金融水平	金融机构存款余额	地方金融业的发展可以衡量区域经济的发展活力
教育水平	在校学生数	教育水平可以反映生产力的发展水平
医疗水平	卫生机构床位数	医疗设施是综合评定区域经济质量的因素

5.4　研究方法

主成分分析方法能在各个变量之间相关关系矩阵的基础上，用较少的新的综合变量代替原来较多的反映某种水平的变量，而且尽可能多地保留原来较多变量所反映的信息，是综合处理这种问题的一种强有力的工具。运用 SPSS 软件标准化后的数据进行主成分分析，得到综合得分，即为本章进行主成分分析的目的数据，以评定各地区经济综合发展水平。

本章根据上述操作得到的综合得分 f 值对各县进行分组，分组标准为：低水平为（$-\infty$，-0.980]，中低水平为（-0.980，-0.229]，中高水平为（-0.229，0.704]，高水平为（0.704，$+\infty$）。该分组标准是利用 2001~2003 年的综合得分得出的分组结果，主要目的是避免因初始年份的选择造成较大的分组误差，从而导致城市类型的不稳定而得出错误结论。表 5-2 所示为初始年份 2001 年的分组情况。分析方法与 3.1 节相同。

表 5-2　2001 年综合得分分组

	分组	n
低水平	巩义市、禹州市、新郑市、新密市、永城市、林州市、邓州市、项城市、固始县、灵宝市、荥阳市、偃师市、长葛市、登封市、唐河县、安阳县、辉县市、夏邑县、濮阳县、汝州市、太康县、上蔡县、滑县、鹿邑县、西平县、新安县、杞县	27
中低水平	镇平县、伊川县、虞城县、淮阳县、渑池县、沈丘县、方城县、西华县、郸城县、新野县、临颍县、尉氏县、沁阳市、中牟县、睢县、平舆县、许昌县、商水县、泌阳县、长垣县、淅川县、潢川县	22
中高水平	息县、内乡县、民权县、新蔡县、陕县、汝南县、新乡县、柘城县、扶沟县、博爱县、兰考县、鄢陵县、鲁山县、光山县、遂平县、南召县、正阳县、西峡县、武陟县、商城县、罗山县、襄城县、开封县、舞阳县、温县、内黄县、叶县、孟州市、清丰县、卫辉市	30
高水平	宜阳县、封丘县、浚县、确山县、宁陵县、原阳县、宝丰县、义马市、桐柏县、通许县、淮滨县、孟津县、舞钢市、社旗县、淇县、获嘉县、汤阴县、嵩县、范县、延津县、郏县、南乐县、修武县、洛宁县、栾川县、新县、汝阳县、卢氏县、台前县	29

　　通过对转移矩阵的分析，可以观察到河南省县域在 2001～2016 年所发生的区域类型转移情况，据此可以判断河南省区域经济发展是否发生了俱乐部趋同，以及趋同俱乐部的一些基本特征。

5.5　实证分析

5.5.1　区域经济发展俱乐部基本特征

　　本小节采用传统马尔可夫链方法，根据综合得分的分组情况将河南县域分成四个水平区域组，然后计算每一水平的区域间隔三年的类型转移情况。

表 5-3 所示为 2001~2016 年河南县域间隔三年的马尔可夫转移矩阵,对角线的值表示同区域经济发展类型之间的转移概率,非对角线的值表示区域经济发展类型之间的转移概率。分析得出该矩阵的特点如下:①对角线的值均远大于非对角线的值,表明存在四种水平的趋同俱乐部,即高水平、中高水平、中低水平、低水平趋同俱乐部。②对角线上的值各不相同,转移矩阵对角线上最大值为 0.9329,最小值为 0.648,其中高水平和低水平的自身转移概率值相对较高,中高和中低水平的值则相对较低,表明高水平和低水平区域发展相对稳定,中高和中低水平区域经济发展相对灵活,易发生类型转移。③非对角线的最大值为 0.192,最小值为 0,也就意味着,某一城市在 t 年属于某一水平,而在 t+3 年后转移为其他类型的最大概率为 0.192,最小概率为 0,表明区域经济是不断发展变化的,在这一过程中区域类型可能会受到自身及周边地区的影响而发生转移,其中相邻水平转移的可能性要大于跨越式转移,而且低水平和中低水平转移至高水平类型的可能性为 0,同样高水平转移至低水平和中低水平的可能性也为 0。

表 5-3 2001~2016 年河南县域间隔三年的马尔可夫转移矩阵

t_i/t_{i+3}	低水平	中低水平	中高水平	高水平
低水平	0.8289	0.1513	0.0197	0
中低水平	0.1920	0.6480	0.1600	0
中高水平	0.0351	0.1667	0.6667	0.1316
高水平	0	0	0.0671	0.9329

从空间分布来看,高水平区域大多集中在郑州周边等豫中区域,以及豫北林州一带和豫东的永城和夏邑,整体布局呈"C"型;中高水平的区域则比较分散,大多分布在豫东的周口和豫南的部分区域;中低水平的区域主要在豫南的平顶山、南阳、信阳、驻马店的部分地区呈零散分布;低水平区域主要集中分布在豫西的洛阳市和豫北的新乡、鹤壁部分地区。

下面将从 2001~2016 年(间隔三年)趋同俱乐部演变的稳定性出

发研究各县域空间分布格局的变化趋势，将各类型的变动分为稳定在低水平、稳定在中低水平、稳定在中高水平、稳定在高水平、向上转移、向下转移和波动状态（同时存在向上和向下转移），得到表 5-4 所示的各县趋同俱乐部演变情况。

表 5-4　河南县域经济发展趋同俱乐部演变

演变类型	包括县域
稳定在高水平	巩义市、禹州市、新郑市、新密市、永城市、林州市、邓州市、项城市、固始县、灵宝市、荥阳市、偃师市、登封市、唐河县、安阳县、辉县市、夏邑县、濮阳县、汝州市、太康县、上蔡县、滑县、鹿邑县、社旗县、淇县、获嘉县、汤阴县、范县、南乐县、修武县、洛宁县、汝阳县、卢氏县、台前县
稳定在中高水平	镇平县、方城县、尉氏县、平舆县、泌阳县、淅川县、息县、新蔡县
稳定在中低水平	内乡县、汝南县、鄢陵县、光山县、商城县、罗山县、内黄县
稳定在低水平	社旗县、淇县、获嘉县、汤阴县、范县、南乐县、修武县、洛宁县、新县、汝阳县、卢氏县、台前县
向上转移	伊川县、淮阳县、沈丘县、中牟县、商水县、柘城县、兰考县、淮滨县
向下转移	偃师市、西平县、渑池县、新野县、临颍县、博爱县、卫辉市
波动	其余县域

可以看出，17 年来高水平类型的区域发展比较稳定，大多维持在高水平并集中在"C"型地带上；原来处于中高水平的区域则有所变化，分布在东部的中高水平区域呈现向上转移的趋势，而分布在南部的区域稳定为中高水平；原来处于中低水平的区域其南部部分地区发展相对稳定，而大多数城市则处于波动状态，经济发展比较灵活；低水平区域大多稳定在靠近伏牛山脉一带，该区域经济基础较差、交通相对不够便利，只有个别城市发展类型发生转移，如淮滨县和通许县发生向上转移，北部的延津县和原阳县波动性较大，封丘县向上转移；从向上转移的区域来看，中东部区域发生向上转移的区域较多，主要集中在开封市和周口市的县域区域，由初始的中低和中高水平开始向

上转移，开封各地区的变化可能是由于政策原因，随郑汴一体化战略的经济深入发展水平逐渐提升，而其他地区推测是受周边区域的发展影响；向下转移的区域主要集中在漯河市域内和驻马店市的北部区域，其余分散较为零散，如渑池县、偃师县、卫辉市和睢县等。综合来看，稳定在高水平和低水平的区域相对比较集中，出现片区现象，其余区域则处于波动状态。

5.5.2　空间关系对区域经济发展俱乐部趋同的影响

本章对区域空间关系主要从三个角度来分析，即地理邻居、经济邻居以及两者的综合影响。每个区域都不是孤立的，而是与其他区域在经济、地理、交通、产业等方面有一定的联系，所以地理邻居主要考虑各地区之间的地理临近，经济邻居主要考虑各地区之间的经济关联，综合影响则是将两者耦合，找出既符合地理邻居又符合经济邻居的地区，最后分别计算三种情况的空间转移矩阵，并对计算结果进行对比，分析不同类型的邻居对县域经济发展的影响。

5.5.2.1　地理邻居影响

利用 GeoDa 软件分析得到河南省各县市的地理邻居关系矩阵，并将邻居区域分成四个类型，即低水平（Ⅰ）、中低水平（Ⅱ）、中高水平（Ⅲ）和高水平（Ⅳ），得到表 5-5 所示的地理邻居空间马尔可夫转移概率矩阵，以分析地理空间滞后对区域经济增长俱乐部趋同演变的影响。

表 5-5　地理邻居空间马尔可夫矩阵

空间滞后	t_i/t_{i+3}	低水平	中低水平	中高水平	高水平
Ⅰ	低水平	0.8224	0.1495	0.0280	0
	中低水平	0.1818	0.6566	0.1616	0
	中高水平	0.0580	0.1739	0.6521	0.1159
	高水平	0	0	0.0933	0.9067

续表

空间滞后	t_i/t_{i+3}	低水平	中低水平	中高水平	高水平
II	低水平	0.8167	0.1583	0.0250	0
	中低水平	0.1760	0.6574	0.1667	0
	中高水平	0.0430	0.1828	0.6990	0.0753
	高水平	0	0	0.0562	0.9438
III	低水平	0.7927	0.1951	0.0122	0
	中低水平	0.2024	0.5952	0.2024	0
	中高水平	0.0133	0.1467	0.7067	0.1333
	高水平	0	0	0.0606	0.9394
IV	低水平	0.8214	0.1696	0.0089	0
	中低水平	0.2043	0.6774	0.1183	0
	中高水平	0.0238	0.1429	0.6786	0.1548
	高水平	0	0	0.0556	0.9444

从中可以看出不同的地理邻居背景对区域经济发展转移过程的影响。分析得出：①每一种水平的地理邻居背景下的转移矩阵中，高水平和低水平的自身转移概率要高于中高和中低水平自身转移的概率，说明高水平和低水平区域发展较稳定，地理邻居对其影响较小。②在四种不同水平的地理邻居背景下，高水平和低水平、中低水平之间的转移概率始终为 0，说明经济发展差异较大的区域之间很难实现跨越式转移。③在低水平邻居背景下，低水平向上转移的概率最低，不易发生经济类型转移，容易陷入"贫困陷阱"，而在中高水平邻居背景下，向上转移的概率最大为 0.2024；在中高水平背景下，中高水平区域经济发展稳定，不易发生类型转移，而在高水平背景下，经济向上发展概率更大，值为 0.1548；在高水平背景下，中低水平和高水平经济发展最稳定，而在中高水平背景下，中低水平区域最易向上发生转移，概率为 0.0753。由此说明，一个区域与发展水平较低的区域相邻，其向下转移的可能性较大，与发展水平较高的区域相邻，其向上转移的可能性会增加。④与低水平的区域相邻，中高水平和高水平向

下转移的概率会增加；与中低水平的区域相邻，低水平区域向上转移的概率和中高水平向下转移的概率会增加；与中高水平的区域相邻，低水平和中低水平向上转移的概率会增加；而与高水平的区域相邻，低水平和中高水平向上转移的概率会增加，例如，表5-3中传统的转移矩阵中低水平区域向上转移的概率为0.16，而与中低和中高水平相邻时（见表5-5），其向上转移的概率分别为0.1667和0.2024。同时，通常一个高水平区域向下转移的概率为0.0671，与中高水平相邻时向下转移的概率降至0.0606，而与低水平区域相邻时，其向下转移的概率增至0.0933。所以，地区之间的邻居关系对区域的经济发展有很大的影响，它们之间形成双向或网状联系，依托地理空间位置来带动或影响其他区域的发展，从而形成趋同现象。

5.5.2.2　经济邻居影响

通过Stata软件利用因果分析得到河南省各县市的经济因果关系矩阵，并将相关联的区域分成四个类型，即低水平（Ⅰ）、中低水平（Ⅱ）、中高水平（Ⅲ）和高水平（Ⅳ），得到表5-6所示的经济邻居空间马尔可夫转移概率矩阵，以分析经济空间滞后对区域经济发展俱乐部趋同演变的影响。

表5-6　经济邻居空间马尔可夫转移矩阵

空间滞后	t_i/t_{i+3}	低水平	中低水平	中高水平	高水平
	低水平	0.8231	0.1564	0.0204	0
	中低水平	0.1951	0.6504	0.1545	0
Ⅰ	中高水平	0.0360	0.1712	0.6577	0.1351
	高水平	0	0	0.0694	0.9306
	低水平	0.8299	0.1565	0.0136	0
	中低水平	0.1901	0.6446	0.1653	0
Ⅱ	中高水平	0.0265	0.1681	0.6726	0.1327
	高水平	0	0	0.0671	0.9329

续表

空间滞后	t_i/t_{i+3}	低水平	中低水平	中高水平	高水平
Ⅲ	低水平	0.8267	0.1533	0.0200	0
	中低水平	0.1933	0.6387	0.1681	0
	中高水平	0.0357	0.1607	0.6696	0.1339
	高水平	0	0	0.0775	0.9225
Ⅳ	低水平	0.8252	0.1538	0.0210	0
	中低水平	0.1855	0.6532	0.1613	0
	中高水平	0.0360	0.1712	0.6667	0.1261
	高水平	0	0	0.0563	0.9437

表5-6中因果检验的结果小于0.01的区域视为经济邻居，从而建立经济邻居空间转移矩阵，结果显示，其特点与地理邻居下的空间转移矩阵相似：①综合来看，高水平和低水平区域发展较稳定，经济邻居背景对中低和中高水平类型的区域影响较大。②在四种不同水平的经济邻居背景下，高水平和低水平、中低水平之间的转移概率始终为0，说明经济发展差异较大的区域之间跨越式转移可能性为零。③与低水平经济区域关联背景下，中低水平和中高水平向下转移的概率增加；与中高水平关联，中低水平向上转移的概率增加，高水平区域向下转移的概率增加；与高水平区域关联，高水平向下转移的概率减小，所以，与经济发展水平较高的区域有关联的地区向上转移的概率会增加，相反，与经济发展水平较低的区域相关联的地区向下转移的概率会增加。④当与低水平相邻时，低水平和中高水平向上转移的概率最大，分别为0.1768和0.1351；在与中低水平相邻时，中高水平向上转移的概率最大，为0.6726；而在高水平邻居背景下，高水平经济发展最稳定，因此可以推测，该空间经济邻居背景下，在存在对周边区域经济发展较强的辐射带动作用的同时，也存在一定的"虹吸"现象。

5.5.2.3 地理邻居与经济邻居的综合影响

将地理邻居和经济邻居结合起来得到河南省各县市的综合关系矩阵，即同时满足地理临近和经济关联的要求，并将相关联的区域分成四个类型，即低水平（Ⅰ）、中低水平（Ⅱ）、中高水平（Ⅲ）和高水平（Ⅳ），得到表5-7所示的综合空间马尔可夫转移概率矩阵，以分析两者耦合空间滞后对区域经济发展俱乐部趋同演变的影响。

表5-7　综合空间马尔可夫矩阵

空间滞后	t_i/t_{i+3}	低水平	中低水平	中高水平	高水平
Ⅰ	低水平	0.7333	0.2667	0	0
	中低水平	0.0952	0.7619	0.1429	0
	中高水平	0.0556	0.1667	0.5000	0.2778
	高水平	0	0	0.2308	0.7692
Ⅱ	低水平	0.8696	0.0870	0.0435	0
	中低水平	0.0500	0.6500	0.3000	0
	中高水平	0.0323	0.1613	0.7097	0.0968
	高水平	0	0	0.0645	0.9355
Ⅲ	低水平	0.8125	0.1250	0.0625	0
	中低水平	0.2500	0.6667	0.0833	0
	中高水平	0.0556	0.1111	0.6667	0.1667
	高水平	0	0	0.0417	0.9583
Ⅳ	低水平	0.8148	0.1852	0	0
	中低水平	0.2581	0.6452	0.0968	0
	中高水平	0	0.1600	0.8000	0.0400
	高水平	0	0	0.1667	0.8333

综合影响是指地理邻居和经济邻居的耦合作用，即同时与某地区地理临近和经济关联。由表5-7可知：①在四种经济类型的综合邻居

背景下，对角线上两端的值要小于中间的值，说明高水平和低水平的稳定性普遍较高，而中低和中高水平的区域易发生类型转移。②数值为 0 的一般出现在矩阵的右上和左下两级，说明综合邻居背景下，难以发生跨区域转移现象。③在不同水平邻居的背景下，以中低水平类型为综合邻居发生同阶转移的概率较高，以低水平类型为邻居发生同阶转移的概率较低，尤其是低水平和高水平的同阶转移，说明以中低水平为综合邻居的区域经济稳定性较高，以低水平为邻居的区域经济稳定性较低，易发生经济类型转移。④由每一种经济水平的邻居下的数值可以发现，低水平区域向上转移的最大可能性是在低水平邻居背景下，如表 5-7 中的 0.2667，中低水平区域向上转移的最大可能性是在低水平邻居背景下，如表 5-7 中的 0.1429，中高水平区域向上转移的最大可能性是在低水平邻居背景下，如表 5-7 中的 0.2778，说明在以低水平为地理邻居和经济邻居时，更有利于区域经济的正向发展，这种现象恰恰也符合"虹吸"效应，而且与相对发达的经济体相邻，如中高和高水平邻居背景下，中低水平向下转移的概率由 0.0952 和 0.05 增至 0.25 和 0.2581，进一步说明该区域经济发展出现了"虹吸"现象。⑤高水平区域向下转移的最大可能性是在低水平邻居背景下，如表 5-7 中的 0.2308，中高水平区域向下转移的最大可能性是在低水平邻居背景下，达到 0.1667，中低水平区域向下转移的最大可能性是在高水平邻居背景下，如表 5-7 中的 0.2581，说明在以低水平为地理邻居和经济邻居时，会增加经济类型向下转移的可能性，认为这种现象是受邻居低水平经济发展的拉动影响，综合来看，与低水平经济体相邻均会对区域经济发展产生积极影响和负面影响，具体影响还要根据具体城市的发展现状来进一步判定。

5.5.2.4 三种空间邻居的对比分析

表 5-5 和表 5-6 对比显示：①两种邻居背景下的转移矩阵，经济邻居空间转移矩阵对角线上的值普遍小于地理邻居背景下的对角线上的值，说明相对于地理邻居，经济邻居更易使各水平区域类型发生转移，易于向其他类型转移变化，说明在某种程度上，空间经济关联对

区域经济发展的影响要强于地理临近对地区的辐射作用。②除在中高水平邻居背景下，经济邻居对区域各种水平向上转移影响的概率值要普遍大于地理邻居，也进一步说明空间经济的关联性对邻居的经济发展影响要强，这可能是由于不同区域之间形成的产业链条在发达的交通作用下产生了对经济的较强的带动作用。

表5-7与表5-5和表5-6对比显示：①三种邻居背景下的转移矩阵，综合邻居空间转移矩阵对角线上的值小于地理邻居、经济邻居背景下的对角线上的值，说明地区经济发展容易同时受到周边邻居和经济邻居的辐射带动影响，而且两者耦合对经济发展类型的影响要强于两者单独作用下的影响，使区域经济类型更易于发生转移变化。初步推测，综合邻居对区域经济发展的影响产生了强化作用。②低水平区域既与某地区相邻又与该地区有经济关联的情况，会增加该区域向下转移的概率，如单独地理邻居矩阵中的0.0933和单独经济邻居矩阵中的0.0694，增加为表5-7中的0.2308；而高水平既与某低水平地区相邻又与该地区有经济联系，会增加该地区向下转移的概率，如单独地理邻居矩阵中的0.0933和单独经济关联矩阵中的0.0694，增加为表5-7中的0.2308，也进一步说明了综合影响会强化单独地理邻居和经济邻居对经济发展类型转移的影响。③在表5-7中，低水平邻居背景下，区域由低水平向中高水平及中高水平向低水平的转移概率均为0，说明在两者耦合的背景下区域经济类型的跨越式转移更难实现。

5.6 空间趋同俱乐部的动态模型预测

本章对俱乐部趋同的动态模型预测利用表5-3的马尔可夫转移矩阵中的概率值作为方程组的系数，p_i（$i=1, 2, 3, 4$）为参数，表示四种长期稳定的情况下出现的概率，从而建立线性方程组，如式（5-1）所示。

$$\begin{cases} 0.8289\,p_1 + 0.1513\,p_2 + 0.0197\,p_3 = p_1 \\ 0.1920\,p_1 + 0.6480\,p_2 + 0.1600\,p_3 = p_2 \\ 0.0351\,p_1 + 0.1667\,p_2 + 0.6667\,p_3 + 0.1316\,p_4 = p_3 \\ 0.0671\,p_3 + 0.9329\,p_4 = p_4 \\ \sum_{i=1}^{4} p_i = 1 \end{cases} \quad (5-1)$$

通过 Matlab 软件分析得出以下解：

$(p_1,\ p_2,\ p_3,\ p_4) = (0.2498,\ 0.2500,\ 0.2501,\ 0.2501)$

由模型的预测结果来看，某地区稳定在低水平的概率为 0.2498，稳定在中低水平的概率为 0.2500，稳定在中高水平的概率为 0.2501，稳定在高水平的概率为 0.2501，可以看出稳定在原发展类型的概率相差不大，也与上述分析得出的存在四个趋同俱乐部的结论一致，而稳定在中高和高水平类型的概率相同且最高，说明这两种趋同俱乐部稳定性较高，稳定在低收入水平的概率较小，说明其未来易发生类型转移，甚至摆脱"贫困陷阱"的束缚。

5.7　本章小结

本章以河南省 108 个县为研究单元，利用主成分分析得到的综合指数对河南县域的多种经济发展影响因素进行概括，并基于马尔可夫链和多维度空间马尔可夫链方法进行综合分析和动态发展趋势预测，得到以下结论：

（1）2001~2016 年，以县域经济为研究单元的河南省区域经济发展存在俱乐部趋同现象，并形成了低收入、中低收入、中高收入及高收入四个趋同俱乐部；高水平和低水平区域发展相对稳定，中高和中低水平区域经济发展相对灵活，易发生类型转移。其中，相邻水平转移的可能性要远大于跨越式转移；高水平区域大多集中在郑州周边等豫中区域至豫北林州一带和豫东的永城和夏邑两点，整体布局呈"C"型；中高水平的区域则比较分散，大多分布在豫东的周口和豫南部分区域；中低水平的区域主要在豫南的平顶山、南阳、信阳、驻马店的部分地区呈零散分布；低水平区域主要集中分布在豫西的洛阳市和豫北的新乡、鹤壁的部分地区。

（2）在河南省区域经济发展空间布局演变的过程中，区域之间的经济发展水平存在着明显的差距而且稳定性不一。豫中地区以郑州为中心的周边片区至豫北边界的安阳、林州一带和豫东边界的永城市和民权县等经济发展水平较高，也就是"C"型区域的地带稳定性较高。豫南、豫西等低水平地区的经济发展也具有较高的稳定性，其他地区的经济发展水平处于中等水平，发展类型较不稳定。

（3）地理邻居对区域类型的转移有影响，而经济邻居对区域经济发展类型转移的影响更大，使其更易于发生类型转移，也体现了在某种程度上，空间经济关联对区域经济发展的影响要强于地理临近对地区的辐射带动作用，这可能是由于不同区域之间形成的产业链条在发达的交通作用下产生了对经济的较强的影响作用。

（4）在河南县域趋同俱乐部演变的过程中，区域状态的转变不仅受到地理邻居及经济邻居影响，还受到两者的综合影响，而且在某种程度上，综合影响会强化地理邻居和经济邻居的影响作用。这也表明任何区域都不是孤立存在的，一个区域如果与低水平区域地理相邻，其向上转移的概率会减小，与低水平为经济邻居，其向上转移的概率也会减小，而与低水平区域既为地理邻居又是经济邻居，其向上转移的概率则会变得更小；反之，向上转移的概率则会更大。当然，在此过程中也有特殊现象出现，如"虹吸效应"。

（5）未来四种趋同俱乐部的转移情况中，稳定在高水平和中高水平的概率较高，而低水平和中低水平则易于出现经济类型的转移，有望摆脱"贫困陷阱"的束缚。

6

河南省水资源利用时空特征及效率分析

6.1　引言

2015 年联合国可持续发展峰会通过的可持续发展的第六个目标 "Ensure availability and sustainable management of water and sanitation for all" 指出：到 2030 年，在各级进行水资源的综合管理，包括酌情开展跨境合作，并且所有行业大幅提高用水效率，确保可持续取用和供应淡水，以解决缺水问题。由于庞大的人口基数和农业、工业的发展，河南省人均水资源量约为 420 立方米，相当于全国平均水平的 1/5，属于缺水的省份。所以，河南省内有限的水资源如何合理地利用，并实现可持续性的管理成为经济发展亟待解决的问题。

河南省天然河川径流量的主要补给是大气降水。气候和地形等因素对水资源的分布和数量也有较大的影响。由于气候与地形的原因，河南省的水资源分布不均衡，比如南部的信阳市，气候类型为亚热带季风气候，全年温和，年降雨量较其他地市多。在河南省境内修建了许多水库和水利工程，其中有 26 座大型水库、124 座中型水库和 2505 座小型水库。这些水库起到 "调丰补枯" 的作用，即在夏季降雨较多时，水库关闸蓄水；降雨较少时，开闸泄水来保证河南省人民的工业、农业生产和生活。另外，我国 "南水北调" 水利工程的中线工程经过河南省，可缓解本省的旱情，尤其对农业的发展十分有利。

河南省地表水资源分布不均匀，基本表现为南部地表水量大于北部、西部山区水量大于东部平原，且水量在夏季达到最高值。河南省地下水资源主要分布在河谷平原和盆地，以及黄淮海大平原。

对于水资源、水资源和经济的关系这些主题，国内外学者有大量的研究。李松华（2014）采用 Johansen 协整方法验证了水资源利用对经济增长具有正效应；Thawale P. 等（2012）研究了水资源和农业生产的关系，得出水资源与农业经济有较强的正相关关系；张培丽和周湘凤（2013）分析了水资源的供需状况；孙才志等（2010）使用数据包络分析法研究我国水资源利用的相对效率，其中河南省的用水相对效率有增长的趋势，表明水资源浪费有减少的趋势，人们越来越重视水资源的使用效率，以实现可持续发展；周素萍和曹杰（2015）通过EOF 分解，以省级行政区的数据为基础数据，对我国十年水资源和水资源的使用量进行时空演变的研究，全面分析了我国水资源分布及利用情况的格局演变；张凌霄和蒋雪梅（2017）通过研究河南省水资源利用与经济增长之间的关系，运用 Eviews 协整分析，表明水资源消耗对河南省 GDP 增长有约束作用；徐威威（2017）利用格兰杰检验与广义差分回归分析的方法研究了辽宁省水资源利用与经济增长的关系，得出辽宁省用水总量和用水效率与经济增长存在着长期的协整关系的结论；张凤太和苏薇词（2016）运用综合评价模型对贵州省各地市州水资源系统与社会经济系统之间的时空协整性进行研究；邓朝晖、刘洋和薛惠锋（2012）利用 VAR 面板计量模型证实了水资源对省会经济增长具有负效应；谷学明等（2012）以水资源消耗为切入点，着重分析了江苏省水资源利用与经济增长之间的关系；马海良、施陈玲和王若梅（2015）借助耦合协调度模型对 2002~2013 年江苏省的水资源环境和城镇化发展的交互作用关系进行了实证分析。贡力和靳春玲（2014）引入水贫困指数（WPI）来评估水资源的供给，并使用最小二乘误差方法分析每个评估单位的 WPI 驱动因子。

以上文献研究尺度较粗，且在研究水资源与经济增长关系时直接选用总 GDP 与农业、工业用水量进行研究，而由于时代的发展，工业、农业的用水效率已经逐步提高，所以简单地将 GDP 与用水量进行对比不够准确。所以，本章选取反映用水效率的三个指标进行格兰杰因果检验分析。

本章以河南省 18 个地级市的数据为基础数据，研究河南省内水资源及水资源利用的空间演变特征，并得出结论。然后对分解结果结合河南省近十年的 GDP，讨论水资源用水效率对河南省经济的影响。

本章主要分为四部分：第一部分是引言，主要介绍本章研究背景、研究意义，以及总结国内外学者的研究结论；第二部分主要介绍区域概况、研究区域的数据来源，并对经验正交函数（EOF）分解和格兰杰因果关系检验进行介绍；第三部分主要运用基础数据在对应的软件中进行运算、处理，并对计算结果进行分析和评价；第四部分主要利用格兰杰因果分析，讨论河南省水资源利用效率对 GDP 的影响；第五部分主要对本章研究的结果进行总结。

6.2 研究区域及方法

6.2.1 研究区域及数据来源

河南省全省多年平均降水量 77.6 毫米，汛期（6~9 月）降水量占全年降水量的 60%~70%，多年平均天然河川径流量为 313 亿立方米。2017 年河南省总用水量为 233.77 亿立方米，根据《河南统计年鉴》，用水主要有四种方式：农业用水、工业用水、生活用水和生态环境补水。其中，农业用水量所占比例超过总用水量的 50%，用水量为 122.84 亿立方米，比 2016 年下降 2.19%；工业用水量和生活用水量分别为 50.97 亿立方米和 40.16 亿立方米，比 2016 年分别上升 1.32% 和 3.78%；生态环境补水量上升幅度最大，较 2016 年增长 52.3%。

本章所研究的区域为河南省 18 个地级市行政区域，包括郑州、开封、洛阳、安阳、濮阳、鹤壁、平顶山、新乡、焦作、许昌、漯河、三门峡、南阳、商丘、周口、信阳、驻马店、济源。

本章的数据来自《河南统计年鉴》（2008~2017 年）及河南省水利厅发布的《河南省水资源公报》（2008~2017 年），主要选取了 2007~2016 年河南省各地级市的水资源总量、地表水资源供水量、地下水资源供水量、降水量、农业用水量、工业用水量、生活生态用水量、用水总量及废水排放量的相关数据进行分析和评估。

6.2.2 研究方法

EOF 最早是被引入对气象问题的分析，主要以场的时序为分析对象。这种方法可以将场的时间和空间的变化分离，即通过分解将数据表达为时间的变化和空间的变化。相较于传统的分析方法，这种方法更有优势。

EOF 分析方法首先要把场的数据以矩阵的形式给出：

$$X = \begin{pmatrix} x_{11} & x_{12} & \cdots & x_{1n} \\ x_{21} & x_{22} & \cdots & x_{2n} \\ \cdots & \cdots & \cdots & \cdots \\ x_{m1} & x_{m2} & \cdots & x_{mn} \end{pmatrix}$$

其中，m 为地区数，即 18 个地级市（空间点）；n 为时间序数长度，即 2007~2016 年。

然后对场 X 进行展开，即将 X 分解为时间函数 Z 和空间函数 V 两部分：

$$X = VZ \tag{6-1}$$

其中，

$$V = \begin{pmatrix} v_{11} & v_{12} & \cdots & v_{1n} \\ v_{21} & v_{22} & \cdots & v_{2n} \\ \cdots & \cdots & \cdots & \cdots \\ v_{m1} & v_{m2} & \cdots & v_{mn} \end{pmatrix}, Z = \begin{pmatrix} z_{11} & z_{12} & \cdots & z_{1n} \\ z_{21} & z_{22} & \cdots & z_{2n} \\ \cdots & \cdots & \cdots & \cdots \\ z_{m1} & z_{m2} & \cdots & z_{mn} \end{pmatrix}$$

或者，

$$x_{it} = \sum_{k=1}^{p} v_{ik} z_{kt} = v_{i1} z_{1t} + v_{i2} z_{2t} + \cdots + v_{ip} z_{pt} \qquad (6\text{-}2)$$

其中，$i = 1, 2, \cdots, m$；$t = 1, 2, \cdots, n$；$k = 1, 2, \cdots, p$，即场中第 i 个格点上的第 t 个观测值，可以看作 p 个空间函数 v_{ik} 和时间函数 z_{kt} 的线性组合。

然后进行分解工作，将 10 年数据进行标准化处理，得到一个数据阵 X，令 $A = X \cdot X^T$，那么由式（6-1）得：

$$A = V \cdot Z \cdot Z^T \cdot V^T \qquad (6\text{-}3)$$

由式（6-3）可以看出 A 为实对称矩阵，所以一定有：

$$V^T A V = \Lambda \text{ 或 } A = V \Lambda V^T \qquad (6\text{-}4)$$

其中，Λ 是 A 的特征值组成的对角矩阵，V 的列就是 A 的特征向量。一般将特征根 λ 按照从大到小的顺序排列，每一个非 0 的特征值对应一列特征向量（EFO 模态）。

然后将模态数据投影到原始资料矩阵上计算对应的时间序数：

$$Z = V^T X \qquad (6\text{-}5)$$

这样每一个模态都会对应一组时间序数，两者相结合，就可以观察研究区域的时间和空间的演变。一般方差贡献率越大，越能反映场的真实变化情况。

然后计算方差贡献率。矩阵方差的大小可以简单地用特征值表示，其对方差的贡献率为该模态特征值占所有特征值之和的百分比，公式表达为：

$$\frac{\lambda_k}{\sum_{i=1}^{m} \lambda_i} \times 100\% \qquad (6\text{-}6)$$

最后进行 North 显著性检验，其目的是考察各个模态之间是否相互独立。特征值 λ 的误差范围为：

$$e_j = \lambda_j \sqrt{\frac{2}{n}} \qquad (6\text{-}7)$$

即相邻特征值 λ_j 满足 $\lambda_{j+1} - \lambda_j \geq e_j$ 时，通过显著性检验。

本章采用的第二个重要方法是格兰杰因果关系检验。首先要保证时间序列必须具有平稳性，所以对数据的平稳性进行 ADF 单位根检验，否则可能会出现虚假回归的问题。

格兰杰因果检验要求估计以下回归：

$$y_i = \sum_{i-1}^{q} \alpha_i \, x_{t-i} + \sum_{j-1}^{q} \beta_j \, x_{t-j} + u_{1t} \tag{6-8}$$

$$x_t = \sum_{i-1}^{s} \lambda_i \, x_{t-i} + \sum_{j-1}^{s} \delta_j \, x_{t-j} + u_{2t} \tag{6-9}$$

其中，u_{1t}和u_{2t}假定为不相关。结果分四种情况进行讨论：

（1）若式（6-8）中滞后的 x 系数估计值在统计上整体显著不为零，式（6-9）中 y 的系数估计值显著为零，则 x 是引起 y 变化的原因。

（2）若式（6-9）中滞后的 y 系数估计值在统计上整体显著不为零，式（6-8）中 x 的系数估计值显著为零，则 y 是引起 x 变化的原因。

（3）若式（6-8）、式（6-9）x 系数估计值和 y 系数估计值在统计上整体显著都不为零，则 x 与 y 互为因果关系。

（4）若式（6-8）、式（6-9）x 系数估计值和 y 系数估计值在统计上整体显著都为零，则 x 与 y 是独立的，不存在因果关系。

6.3 水资源 EOF 分解结果

6.3.1 水资源的时空变化特征

6.3.1.1 水资源总量的变化特征

水资源的储量影响着水资源的供给量和使用量。首先对 2007～2016 年河南省水资源总量进行数据处理和分析。将 18 个地级市 10 年来每年的数据标准化，形成一个数据矩阵，矩阵的行代表时间，列代表各地级市，并放在 Matlab 中进行运算。得到 18 组模态数据和 18 组时间序数数据。

方差贡献率越大，越能反映场的真实变化情况。由表 6-1 可以看出，模态 1 的方差贡献率达到了 49.2%，模态 1 和模态 2 的累计方差贡献率达到了 85.63%，并且这两个模态都通过了 North 显著性检验，表明这两个模态都可以反映近 10 年来河南省水资源总量的变化特征。

表 6-1　水资源总量模态特征值及方差贡献率

模态	特征值	方差贡献率	累计方差贡献率
1	0.14638	0.49168	0.49168
2	0.10855	0.36463	0.85630
3	0.02547	0.08556	0.94187
4	0.00958	0.03218	0.97404
5	0.00648	0.02179	0.99584
6	0.00056	0.00191	0.99775
7	0.00030	0.00103	0.99879
8	0.00022	0.00074	0.99953
9	0.00014	0.00047	1
10	2.19590×10^{-18}	7.37601×10^{-18}	1
11	4.49028×10^{-19}	1.50828×10^{-18}	1
12	3.10571×10^{-19}	1.04320×10^{-18}	1
13	1.35292×10^{-19}	4.54443×10^{-18}	1
14	2.75469×10^{-21}	9.25296×10^{-21}	1
15	-1.41886×10^{-19}	-4.76593×10^{-19}	1
16	-7.81207×10^{-19}	-2.62407×10^{-18}	1
17	-1.33525×10^{-18}	-4.48509×10^{-18}	1
18	-1.55946×10^{-17}	-5.23822×10^{-17}	1

所以，取第 1 模态和第 2 模态的数据，更准确地反映 10 年来的用水量时空变化，图 6-1 和图 6-2 分别为河南省 2007~2016 年用水量 EOF 分解的第 1 模态和第 2 模态的时间序数。

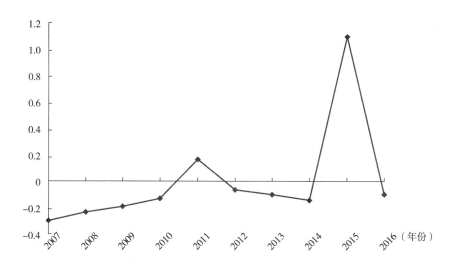

图 6-1 河南省 2007~2016 年水资源储量 EOF 分解的第 1 模态时间序数

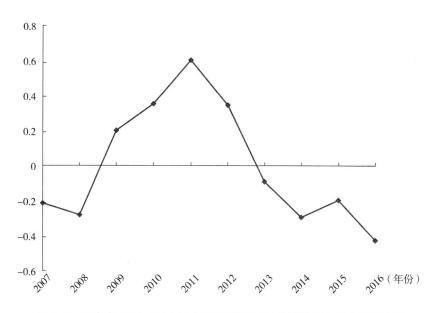

图 6-2 河南省 2007~2016 年水资源储量 EOF 分解的第 2 模态时间序数

第 1 模态的方差贡献率为 49.2%，说明第 1 模态能够很好地反映近十年来河南省水资源的空间变化量。从空间分布来看，模态的特征值有正数，也有负数，说明从全省范围来看，水资源的量空间格局的变化不具有一致性。其中，东部的商丘市特征值最大，中西部地级市大部分为正值，说明中西部水资源的变化量较小，而安阳市、鹤壁市、濮阳市、开封市、周口市、平顶山市、信阳市、南阳市、驻马店市为负值，说明河南省南部这九个地级市变化情况与其他地级市相反，即要么这九个城市水资源增多，其余城市水资源减少，要么这九个城市水资源减少，其余城市水资源增多。

第 2 模态的方差贡献率为 36.5%，也是典型的河南省水资源的空间分布形式。从空间分布来看，特征值大部分为正值，主要分布在河南省的中西部地区，北部濮阳市的特征值也为正值；而负值主要分布在西南部和北部的安阳市和鹤壁市。由特征值正负可以得出，河南省水资源大体上呈东南—西北反向分布模式，即要么西北部水量增多，东南部减少，要么东南部水资源量增多，西北部减少。

时间序数代表了该特征向量场分布的时间变化特征。时间序数的正负决定模态的变化方向。时间序数如果为正，说明变化方向与模态相同，若为负，则说明变化方向与模态相反。以图 6-1 为例，在 2007 年，时间序数为负值，中西部城市和商丘市特征值为正值，则说明 2007 年在中西部地区和商丘地区水资源的总量是减少的；在 2011 年，时间序数为正值，则说明 2011 年在中西部和商丘市的水资源总量是增加的。

时间序数的绝对值越大，说明此模态越典型。表 6-2 为第 1 模态和第 2 模态的时间序数，选取绝对值较大的模态所对应的特征值来描述水资源总量在时间上的变化。

表 6-2　第 1 模态、第 2 模态的时间序数

年份	模态 1	模态 2
2007	−0.29791	−0.21411
2008	−0.23298	−0.28037
2009	−0.19074	0.20098
2010	−0.13078	0.35296
2011	0.16578	0.60218
2012	−0.06490	0.34513

年份	模态 1	模态 2
2013	−0.10068	−0.09080
2014	−0.14264	−0.29361
2015	1.09333	−0.19664
2016	−0.09849	−0.42572

模态 1 的时间序数的绝对值大且为正值的年份有 2015 年，说明在该年份河南省中西部城市和商丘市水资源量增加，而其他城市水资源量减少。时间序数的绝对值大且为负值的年份有 2007 年和 2013 年，说明在这两年中西部城市和商丘市的水资源量减少，其他城市的水资源量增加。

模态 2 的时间序数的绝对值大且为正值的年份有 2009 年、2010 年、2011 年和 2012 年，说明在这些年东南部城市和北部安阳市和鹤壁市的水资源储量减少，而西北部、中部城市的水资源储量增加。时间序数的绝对值大且为负值的年份有 2008 年、2014 年和 2016 年，说明在这些年东南部城市和北部安阳市、鹤壁市的水资源储量增加，而西北部、中部城市的水资源储量减少。

十年来，水资源储量场的分布模式以模态 2 为主，即水资源储量的变化不具有一致性，呈东南—西北反向分布模式，且第 2 模态时间系数趋势斜率为负，说明十年来东部、东南部地级市及北部的安阳市、鹤壁市水资源的储量有增加的趋势，2011 年、2014 年和 2016 年变化最显著。

6.3.1.2　地表水、地下水供给量

水源的主要来源为地表水供给和地下水供给。地表水主要来源于河流，是人类生活用水的重要来源，地下水具有水量稳定、水质好的优点。河南省 2016 年地表水供水量为 105.01 亿立方米，比多年平均值多了 10.36%；地下水供水量为 119.82 亿立方米，比多年平均值减少了7.898%。

　　由图 6-3 可知，河南省近十年地表水和地下水供给量不稳定，其中地表水供给量在 2010 年和 2014 年有所下降，但最近几年供给量呈上升的趋势；地下水供给量在 2009 年达到最大值，在 2014 年急剧下降，且近几年地下水供给量一直低于 10 年均值，一定程度上反映出地下水资源的减少和开采难度的加大。

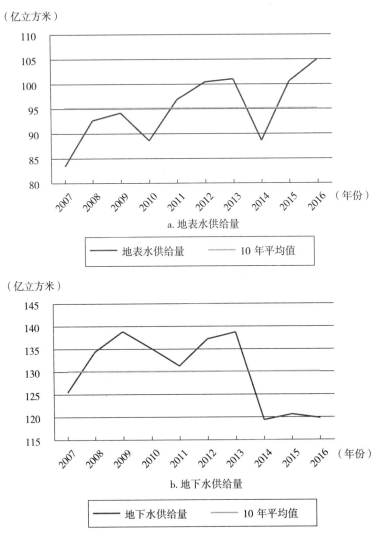

图 6-3　2007~2016 年河南省地表水和地下水供给量

选择 2007~2016 年河南省 18 个地级市地表水和地下水供给量数据，分别形成矩阵，并对其进行 EOF 分解。

地表水场的第 1 模态的方差贡献率将近 53%，并且通过了 North 显著性检验，所以第 1 模态能够准确地刻画地表水供给量的时空变化。第 1 模态的结果表明，南阳市、许昌市、焦作市、安阳市和鹤壁市地表水供水量的变化量与正值相反，南阳市为负值大值区。正值小值区较多，主要分布在西部、东部和东南部。河南省大部分地级市地表水供水量的变化趋于一致。再结合时间序数（见图 6-4），2007~2016 年时间序数呈增长趋势，2011 年值由负变正，说明 2011 年以前在负值区，地表水的供给量呈下降趋势，而在正值区地表水的供给量呈上升趋势，在 2014 年达到极大值，其中郑州市变化特征最显著。

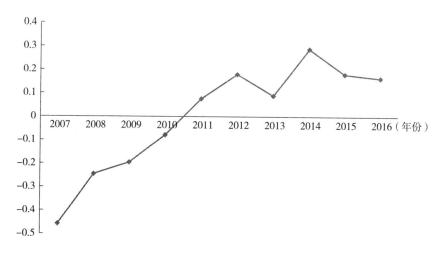

图 6-4　河南省 2007~2016 年地表水供水量 EOF 分解的第 1 模态时间序数

地下水场的第 1 模态的方差贡献率将近 46%，并且通过了 North 显著性检验，所以第 1 模态能够准确地刻画地下水供给量的时空变化。从空间分布来看，南阳市、驻马店市、周口市、漯河市、平顶山市、郑州市、开封市和濮阳市为正值区，其余地区均为负值区，主要分布在西部、西南部和北部。结合时间序数（见图 6-5），发现时间序数在

2008 年上升，然后趋于平稳，在 2011 年以后呈下降趋势，且下降幅度大，说明 2007~2012 年正值区地级市，如郑州市、开封市、驻马店市，地下水供水量逐年增多，而近几年正值区地下水供水量减少，在负值区则相反。

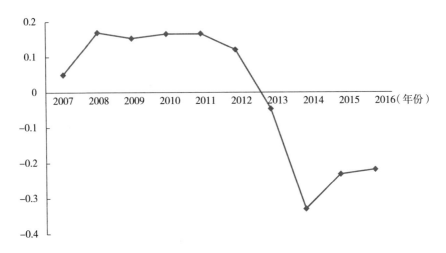

图 6-5   河南省 2007~2016 年地下水供水量 EOF 分解的第 1 模态时间序数

根据分解结果，可将近十年河南省地表水资源和地下水资源的供应量时空变化特征表达如下：地表水的供应量变化在绝大部分地级市趋于一致，主要有三门峡市、济源市、洛阳市、平顶山市、郑州市、开封市、新乡市、濮阳市、商丘市、周口市、漯河市、驻马店市和信阳市。在 2011 年以后，这些地市的地表水供应量逐年增多，其中郑州市最为显著；焦作市、安阳市、鹤壁市、许昌市和南阳市变化情况与正值区相反，其中南阳市变化最为显著，地表水供应量呈增长趋势。郑州市、开封市、濮阳市、平顶山市、漯河市、周口市、驻马店市和信阳市地下水供应量的变化一致，在 2007~2012 年供应量增多并逐渐平稳，但在 2012 年以后，地下水供应量有减少的趋势，其他地级市变化趋势与之相反，地下水供应量呈减少趋势。

6.3.2 水资源使用量的时空变化特征

6.3.2.1 水资源使用总量的时空变化特征

水资源应用在我们生活的各个方面，它是农业发展的基础，是工业发展的"血液"，也是人们生活的重要保证。其中，农业用水的比例最大，基本占总用水量的50%，因为河南省是农业大省，所以充足的水源提供是农业发展的基础和保障；工业用水量10年来比较平稳，但是近几年稍有下降，这与我省产业发展的政策有关，工业对GDP的贡献在2016年低于第三产业的贡献；河南省拥有9532万人口，生活用水也是主要的使用形式，近10年生活用水的变化量不大；另外，生态环境用水（补水）的比例逐年提高，2017年较2016年增长52.3%，生态环境用水主要用于城市绿化、荒漠化防治、景观环境用水和地下水补给（见图6-6）。

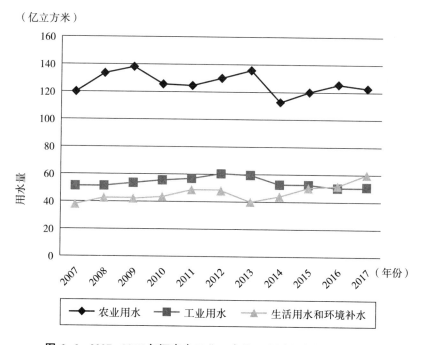

图6-6 2007~2017年河南省工业、农业、生活和生态环境用水量

选用 2007～2016 年河南省 18 个地级市用水总量，对数据进行标准化处理，形成 18×10 的矩阵，然后进行 EOF 分解。

分解结果第 1 模态的方差贡献率为 59.83%，第 2 模态方差贡献率为 20%，两者累计方差贡献率近 80%，且都通过了 North 显著性检验，所以使用第 1 模态、第 2 模态和其对应的时间序数来描述河南省 10 年来水资源使用量的时间空间演变特征。

由第 1 模态空间分布可以看出，只有四个地级市——南阳市、济源市、安阳市和鹤壁市的特征值为负，剩下的 14 个地级市为正值区，说明这 14 个地级市水资源使用量的变化情况趋于一致，南阳市、济源市、安阳市和鹤壁市的变化情况与之相反，且南部城市的变化量比较显著。第 2 模态的空间分布为西部、中部、西南部和北部的空间变化趋于一致，其余地级市空间变化与之相反。结合第 1 模态、第 2 模态对应的时间序数（图 6-7 和图 6-8），选取绝对值较大的时间序数来刻画整体的时间变化特征（见表 6-3）。

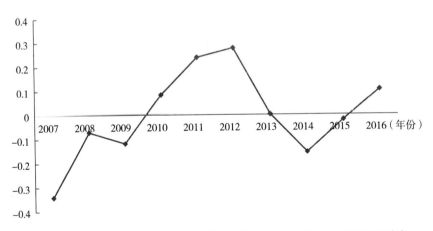

图 6-7　河南省 2007～2016 年水资源使用量 EOF 分解的第 1 模态时间序数

其中，模态 1 的时间序数绝对值较大且为正的年份有 2010 年、2011 年、2012 年和 2016 年。在这些年份南阳市、济源市、安阳市和鹤壁市水资源使用量减少，但是其余 14 个地级市用水量都增加，且在 2012 年达到了极大值。时间序数绝对值较大且为负的年份有 2007 年

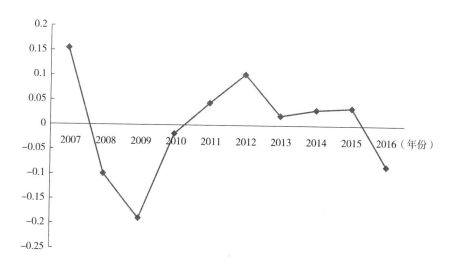

图 6-8 河南省 2007~2016 年水资源使用量 EOF 分解的第 2 模态时间序数

表 6-3 第 1 模态、第 2 模态的时间序数

年份	模态 1	模态 2
2007	−0.34167	0.15482
2008	−0.07149	−0.09924
2009	−0.11793	−0.18944
2010	0.08443	−0.01772
2011	0.23901	0.04474
2012	0.27762	0.10281
2013	0.00162	0.01946
2014	−0.15542	0.03154
2015	−0.02105	0.03559
2016	0.10487	−0.08256

和 2014 年。这两个年份全省大部分地级市用水量有减少的趋势，南阳市、济源市、安阳市、鹤壁市用水量增加。

模态 2 的时间序数绝对值较大且为正的年份有 2013 年和 2015 年，

全省西部、中部、西南部和北部的用水量增加，东部和南部用水量减少；模态2的时间序数绝对值大且为负的年份——2008年和2009年则与之相反。

综上所述，河南省近10年的水资源使用量在郑州市、洛阳市、平顶山市、三门峡市、濮阳市、漯河市和驻马店市大体呈增长趋势，其中郑州市和驻马店市的变化最为显著。由于第1模态的时间序数斜率为正，所以河南省用水量大体上是呈增加趋势的。

6.3.2.2 农业用水量的时空变化

农业用水指用于土地灌溉和农村牲畜的用水。2017年河南省农作物播种面积为1473.253万公顷，虽然比2016年下降了1%，但农作物产量较2016年增长了0.4%，为6524.25万吨。其中，豫东地区周口市和商丘市粮食产量分别为881.79万吨和717.64万吨，位居全省第一和第三；豫南地区南阳市、信阳市、驻马店市粮食产量均超过了550万吨。全省灌区数达660处，规模以上灌区渠道长度达2679公里，这也为农作物的灌溉提供了越来越便利的条件。2017年灌溉面积达538.979万公顷，18个地级市中灌溉面积排名前三位的是商丘市、驻马店市和周口市，分别为61.48万公顷、60.725万公顷和57.67万公顷。下面选用2007~2016年河南省18个地级市农业用水量的数据进行EOF分解。分解结果第1模态的方差贡献率为55%，远高于其他模态的贡献率，所以使用第1模态数据来刻画10年来农业用水量的时间空间演变情况。

由第1模态空间分布可以看出，中部城市郑州市、开封市、许昌市、漯河市和平顶山市，以及北部安阳市和鹤壁市为负值，其余城市均为正值。正值大值区主要有商丘市、周口市、驻马店市和信阳市，这四个城市均为农业发达、农作物产量高的城市。

从时间序数来看，2007~2012年由负值到正值，呈增加的趋势，2012年以后有所下降，但在2015年又逐渐回升（见图6-9）。2007~2009年及2014年中部城市和北部安阳市和鹤壁市农业用水有增长的趋势，其余六年西部、西南部、东部、东南部的城市和濮阳市的农业供水量呈增长趋势，变化在 2011 年最为显著，达到了极大值。

整体来看，河南省近 10 年的农业用水量呈增长的趋势，其中郑州市、开封市、平顶山市、许昌市、漯河市和鹤壁市这些相对来说农业不为支柱产业的地级市的农业用水量有减少的趋势，而周口市、驻马店市、商丘市和信阳市这些农业发达的地级市在 10 年中，农业用水量大体上呈增长趋势，且增长尤为显著，这反映了农业生产需要大量的水资源来维持，农业生产离不开大量的水资源。

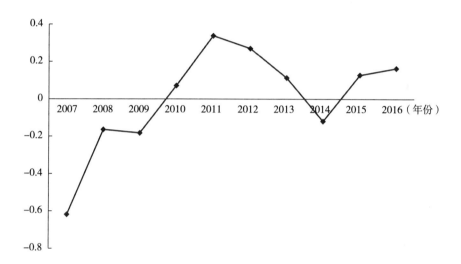

图 6-9　河南省 2007~2016 年农业用水量 EOF 分解的第 1 模态时间序数

6.3.2.3　工业用水量的时空变化

水资源是工业的血脉，没有水，就没有工业。水在工业中主要用于冷却、洗涤、调节化工用品的浓度等。其中，冷却用水占比 60%~70%，水资源之所以被用于工业是因为在地下水、湖水和海水中可以找到所有化学元素。工业用水相对集中，其中纺织、石油化工、造纸等行业耗水量巨大。工业用水具有地域性，一般与地区产业方针相匹配。

下面对河南省 18 个地级市 10 年来的工业用水情况进行 EOF 分

解。分解结果第 1 模态对方差的贡献率为 74.25%，说明第 1 模态和其对应的时间序数可以比较准确地刻画出 10 年来河南省 18 个地级市工业用水的时空演变特征。

工业用水量模态有正有负，说明全省工业用水变化不一致，虽然具有地域性，但是正值区的城市远多于负值区的城市。南阳市、漯河市和鹤壁市为负值区，零散地分布在河南省西南部、中部和北部。负大值在南阳市。其余 15 个地级市均为正值，与负值区工业用水变化相反。正大值在平顶山市，表明这里的工业用水量变化最大。

时间序数整体呈上升趋势，增幅较大，但在 2015 年有小幅下降（见图 6-10）。以 2012 年为分界，前五年时间序数为负，表明南阳市、漯河市和鹤壁市工业用水增加，但增加幅度越来越小，河南大部则相反；2012 年以后，第 1 模态的正值区，即河南大部工业用水量呈增多的趋势且渐趋平稳，负值区则相反。

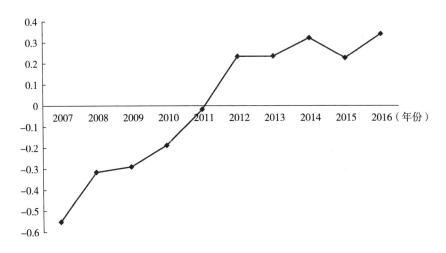

图 6-10 河南省 2007~2016 年工业用水量 EOF 分解的第 1 模态时间序数

综上所述，10 年来南阳市、漯河市和鹤壁市工业用水量先增加后减少，南阳市表现得最为显著；而其余城市，也可以说是河南省的大部（正值区）虽然 2007~2011 年用水量有所减少，但减少得不显著，在 2012 年呈增加趋势，虽然近几年用水量稍有下降，由于时间序数的趋势斜率为正,所以河南省工业用水量整体上呈增长的趋势。因为河南省工业比较成熟,且可利用的矿产资源较多,再加上近些年冶金、化工、机械工程和电子产品的多样化,所以工业也一直在迅速发展,也就使工业用水量的需求增加,工业用水量也随之增加。

6.3.2.4 生活、环境用水量的时空变化

水资源对生活有着重要的作用,生活用水指人类日常生活所需的水。河南省承载着巨大的人口基数,人口多,对生活用水的需求也会增多,生活用水涉及每个人生活的各个方面,包括城镇、农村生活用水和公共用水,主要来源是自来水。纵观历史,水资源的利用一直是人类生存的重要组成部分,因为没有水人类就无法生存。

生态用水,也叫生态补水,是近几年随着生态环境逐渐恶化而提出的新概念,其含义是维持全球生态系统水分平衡所需要的进水量。生态环境用水主要用于城市绿化、荒漠化防治、景观环境用水和地下水补给。近几年生态用水量逐年增加,说明越来越重视生态环境的保护和维持。

生活、环境用水总量模态特征值及方差贡献率(见表6-4)结果显示,模态1的方差贡献率为52%,模态2的方差贡献率为29.61%,两者累计方差贡献率为81.67%。用模态1和模态2可以很好地刻画近10年河南省18个地市的生活、环境用水量的时空变化特征。

表6-4 生活、环境用水总量模态特征值及方差贡献率

模态	特征值	方差贡献率	累计方差贡献率
1	0.06659	0.52062	0.52062
2	0.03787	0.29609	0.81672

第1模态的空间分布显示河南省大部分城市的模态值为正值,说明河南省生活、生态用水的变化绝大多数地级市具有一致性,模态值为负值的有三个地级市,分别为郑州市、三门峡市和济源市,这三个地级市的变化情况与其他15个地级市的变化情况相反(见图6-11)。

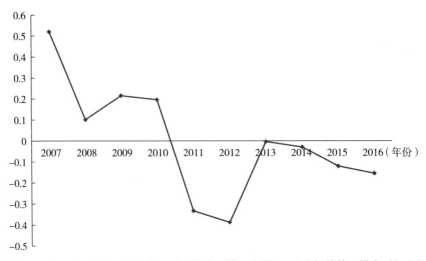

图 6-11　河南省 2007~2016 年生活、生态环境用水量 EOF 分解的第 1 模态时间序数

　　第 2 模态的空间分布显示生活、环境用水量的空间变化不具有一致性。南阳市、周口市、济源市、濮阳市及河南省中部模态值为负，说明这 8 个地级市变化趋势与其他 10 个市的变化趋势相反。在正值区的 10 个地级市中，三门峡市变化最为显著（见图 6-12）。

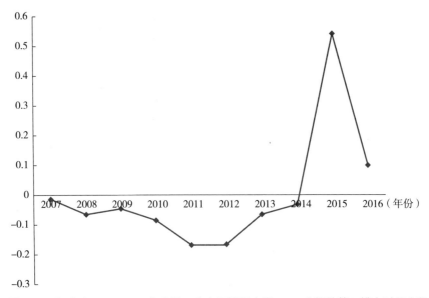

图 6-12　河南省 2007~2016 年生活、生态环境用水量 EOF 分解的第 2 模态时间序数

结合第 1 模态、第 2 模态对应的时间序数，选取绝对值较大的时间序数来刻画整体的时间变化特征（见表 6-5）。

表 6-5　第 1 模态、第 2 模态的时间序数

年份	模态 1	模态 2
2007	0.51951	−0.01414
2008	0.10046	−0.06564
2009	0.21493	−0.04630
2010	0.19579	−0.08509
2011	−0.33308	−0.16826
2012	−0.38849	−0.16555
2013	−0.00377	−0.06521
2014	−0.02952	−0.03180
2015	−0.12084	0.54208
2016	−0.15499	0.09992

模态 1 的时间序数绝对值较大且为正的年份为 2007 年、2008 年、2009 年和 2010 年，说明在 2007～2009 年，郑州市、三门峡市和济源市的生活、生态用水有减少的趋势，全省其余的 15 个地级市生活、生态用水量都增加。时间序数绝对值大且值为负的年份有 2011 年、2012 年和 2016 年，说明郑州市、三门峡市和济源市生活、生态用水量增加，其余 15 个地级市都一致地减少。

模态 2 的时间序数绝对值大且值为正的年份有 2015 年。说明在 2015 年河南省中部城市南阳市、周口市和濮阳市生活、生态用水量减少，其余地级市的生活、生态用水量都在增加。时间序数绝对值大且为负的年份有 2011 年和 2012 年。在这两个年份三门峡市、洛阳市、焦作市、安阳市、鹤壁市、新乡市、开封市、商丘市、驻马店市和信阳市生活、生态用水量都减少，其他地级市的生活、生态用水量增加，其中三门峡市减少幅度最为明显。

从上述四种情况可以看出，河南省 2007~2016 年生活、生态用水的分布模式主要以模态 1 为主，全省各地变化虽然大部分地级市有一致性，但还是有三个城市向反方向变化。整体上近 10 年来河南省生活、生态用水量各市的变化量趋于平稳，用水量呈增长趋势。

6.3.3　废水排放量的时空变化特征

废水是人类活动排出的污水及部分雨水，主要包括农业污水、工业污水、生活污水、排入污水管道的初雨。废水结构复杂，不仅含有较多的化学物质，还含有蛋白质等有机物，往往成为环境污染和影响人类健康的重要因素。

评价废水有两个重要的参数：废水化学需氧量（废水 COD）和废水中的氨氮排放量。化学需氧量是废水中能被强氧化剂氧化的物质的氧当量，可以反映有机物污染指数；由于氨氮这两个营养元素是造成我国水体营养化的直接因素，所以氨氮排放量也被作为重要参数来评价废水。

由于在 2013 年之前没有各市废水排放量的相关记录，所以此处选用 2013~2017 年的数据。使用经验正交函数分解的方法对 5 年中河南省 18 个地级市废水排放总量进行 EOF 分解来观察时空变化特征。

分解结果的第 1 模态的方差贡献率为 85.9%，远高于其他模态的方差贡献率，且通过了显著性检验，所以第 1 模态刻画的变化情况较为真实。

由 2013~2017 年废水排放量的 EOF 分解的第 1 模态空间分布可以看出，18 个地级市的特征值都为非负数，说明在废水排放量上，全省 18 个地级市的变化趋势相同，即要么在某一年份同呈增长趋势，要么在某一年份同呈减少趋势。其中济源市和郑州市的特征值为零，这是因为经济和人口等因素的作用，2013~2017 年郑州市作为省会城市的废水排放量一直为全省最大值，而济源市的废水排放量一直为全省最小值。焦作市和新乡市的特征值较大，说明在这五年中，这两个地市的变化最为显著。

　　然后结合第 1 模态时间序数，可以观察到 2013~2015 年和 2017 年的时间序数为正值，说明在这些年份，全省的废水排放量增加，而在 2016 年则相反（见图 6-13）。且 2016 年减少的趋势较为显著，其中开封市 2016 年的废水排放量为 9557.22 万吨，比 2015 年减少55.12%，许昌市 2016 年废水排放量为 1.343 亿吨，比 2015 年减少31.01%。近年来废水排放量虽然在 2016 年减少，但整体上呈增长趋势，这也是经济发展、城市化和工业化的必然结果，与河南省用水量的趋势基本一致。

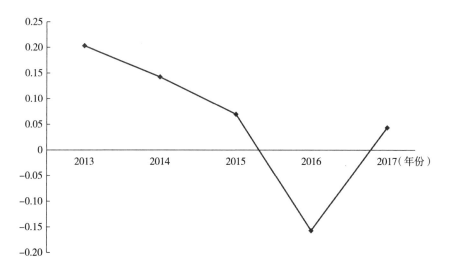

图 6-13　河南省 2013~2017 年废水排放量 EOF 分解的第 1 模态时间序数

　　由图 6-14 可以看到，在 2016 年时废水中 COD 排放量和废水中氨氮排放量急剧减少，并呈减少趋势。因此，虽然废水量增多，但由于政策标准的完善、企业环保意识的增强，废水化学需氧量和氨氮排放量逐年下降。

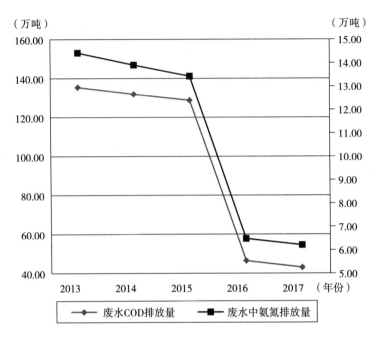

图 6-14　2013~2017 年河南省废水 COD 排放量和废水中氨氮排放量

6.4　水资源利用效率与经济增长的因果分析

6.4.1　2007~2016 年用水效率的变化

简单地使用用水量这一变量并不能真实地反映用水与经济的关系，因为随着生产力的发展与科学技术和节水意识的提高，农业上的节水灌溉设备和工业上的节水生产设备得到了广泛的应用，所以在今天，我们可以实现用更少的水来创造更多的效益。

图 6-15 中有三个指标，分别为万元 GDP 用水量、农田灌溉亩均用水量和万元工业增加值用水量，这三个指标一定程度上都可以反映

用水效率。万元 GDP 用水量在这 10 年中呈下降趋势，2007 年的值为 116 立方米，到了 2016 年降低到 45 立方米，减少了 61.21%，也就是说用一定的水可以创造更多的经济效益，这也说明用水效率逐渐提高；万元工业增加值用量在这 10 年中逐年减少，2007 年为 68 立方米，而到了 2016 年减少到 29 立方米，减少了 57.35%；河南省农业的用水量占总用水量的 50% 左右，所以农业用水的效率也非常重要。2007 ~ 2016 年农田灌溉亩均用水量在 2013 年达到最高值，说明在 2013 年每亩农田的灌溉量多于往年，而在 2014 年就迅速下降，虽然略有上升的趋势，但是整体上比较平稳。

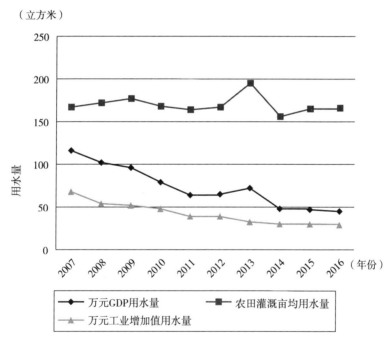

图 6-15　河南省 2007 ~ 2016 年用水效率

6.4.2　格兰杰因果关系检验

对河南省 10 年来用水效率、农田灌溉亩均用水量和万元工业增加值用水量使用 Eviews 进行格兰杰因果检验分析和广义差分回归分析。

首先对数据的平稳性进行 ADF 单位根检验，分别将 GDP、用水效率、农田灌溉亩均用水量和万元工业增加值用水量记为 GDP、WUE、AGW 和 INW。由表 6-6 得知，LGDP、LWUE、LAGW 和 LINW 统计量均大于显著性水平 5%的临界值，说明这四个水平序列都是非平稳的。

表 6-6　ADF 单位根检验结果

变量	(C, T, K)	DW 值	ADF 值	1%临界值	5%临界值	是否平稳
LGDP	(C, T, 0)	2.28	-1.10	-5.52	-4.11	否
LWUE	(C, T, 0)	2.26	-3.04	-5.52	-4.11	否
LAGW	(C, T, 0)	2.38	-3.65	-5.52	-4.11	否
LINW	(C, T, 0)	1.72	-2.37	-5.52	-4.11	否

对数据进行一阶差分，再次进行单位根检验，检验结果如表 6-7 所示。iLGDP、iLWUE、iLAGW 和 iLINW 的统计量均小于显著性水平 5%的临界值，说明一阶差分后的结果是平稳的，满足格兰杰因果检验的条件。

表 6-7　ADF 单位根检验 (一阶差分)

变量	(C, T, K)	DW 值	ADF 值	1%临界值	5%临界值	是否平稳
iLGDP	(N, N, 2)	1.60	-2.77	-3.01	-2.02	是
iLWUE	(N, N, 2)	2.05	-2.47	-2.89	-1.99	是
iLAGW	(N, N, 2)	2.63	-7.28	-3.01	-2.02	是
iLINW	(N, N, 0)	2.21	-2.50	-2.89	-1.99	是

以 LGDP 为因变量，分别以 LWUE、LAGW、LINW 为自变量对其进行回归，然后对回归的残差进行单位根检验，表 6-7 的检验结果数据显示，在 5%的临界值下，三个方程的残差均是平稳序列，LGDP 和 LWUE、LGDP 和 LAGW、LGDP 和 LINW 之间确实存在明显的协整关系。

用水效率、农田灌溉亩均用水量、万元工业增加值用水量与 GDP 间的格兰杰因果检验结果见表 6-8。结果显示，概率值都较大，拒绝六个原假设，说明 GDP 与用水效率、农田灌溉亩均用水量、万元工业增加值用水量之间存在着十分明显的双向因果关系，GDP 的提高或降低必然引起用水效率、农田灌溉亩均用水量、万元工业增加值用水量增加或减少；同样用水效率、农田灌溉亩均用水量、万元工业增加值用水量的增加或减少也能引起 GDP 的增减变化。

表 6-8　格兰杰因果检验结果

原假设	f 统计量	概率 P 值
LWUE 不是引起 LGDP 的原因	0.05	0.95
LGDP 不是引起 LWUE 的原因	0.23	0.81
LAGW 不是引起 LGDP 的原因	0.07	0.93
LGDP 不是引起 LAGW 的原因	0.42	0.70
LINW 不是引起 LGDP 的原因	0.31	0.76
LGDP 不是引起 LINW 的原因	0.75	0.57

然后对 GDP 总量、用水效率、农田灌溉亩均用水量和万元工业增加值用水量进行广义差分回归。

首先建立 LGDP 和 LWUE 的回归方程：

$LGDP = 14.3947 + 0.9908 \times LWUE$

$R^2 = 0.902441$，$DW = 2.106025$，$Prob（F\text{-}statistic）= 0.000929$

接着建立 LGDP 与 LAGW 的回归方程：

$LGDP = 133.725 - 24.05581 \times LAGW$

$R^2 = 0.174385$，$DW = 2.351596$，$Prob（F\text{-}statistic）= 0.0562772$

最后建立 LGDP 与 LINW 的回归方程：

$LGDP = 13.29372 - 1.1536 \times LAGW$

$R^2 = 0.970334$，$DW = 1.855837$，$Prob（F\text{-}statistic）= 0.000026$

回归结果显示，用水效率与 GDP 呈正相关关系，GDP 随着用水效率的提高而增加；农田灌溉亩均用水量和万元工业增加值用水量与GDP均为负相关关系，即GDP随着农田灌溉亩均用水量和万元工业增加值的减少而增加，但农田灌溉亩均用水量的相关性较弱，而工业用水效率与经济的相关性非常强，每减少1%的万元工业用水量增加值，就会增加6.5%的GDP。

6.5 本章小结

结合EOF分析结果和以上水资源对经济发展影响的讨论，河南省2007~2016年水资源情况及用水方式主要有以下特征：

（1）水资源储量的变化不具有一致性，呈东南—西北反向分布模式，十年来东部、东南部地级市及北部的安阳市、鹤壁市水资源的储量有增加的趋势，2011年、2014年和2016年变化最显著。从水资源的供应来看，地表水的供应量变化在绝大部分地级市趋于一致，呈增长趋势。郑州市、开封市、濮阳市、平顶山市、漯河市、周口市、驻马店市和信阳市的地下水供应量的变化一致，在2007~2012年供应量增多并逐渐平稳，但在2012年以后，这些地级市的地下水供应量有减少的趋势。其他地级市变化趋势与之相反，地下水供应量总体上呈减少趋势。

（2）河南省大体上用水量是呈增加趋势的。农业用水的比例最大，基本占总用水量的50%，河南省近10年的农业用水呈增长的趋势，周口市、驻马店市、商丘市和信阳市这些农业发达的地级市在10年中，农业用水量大体上呈增长趋势，且增长尤为显著。

（3）近10年河南省工业用水量南阳市、鹤壁市和漯河市的变化趋于一致，南阳市变化较为显著。由于工业比较成熟，且可利用的矿产资源较多，再加上近些年冶金、化工、机械工程和电子产品的多样化等原因，工业用水量的需求增加，工业用水量增加。

（4）生活与生态用水量全省大部分地级市有一致性，整体上近10

年来各市的变化量趋于平稳,用水量呈增长趋势。

(5)在废水排放量上,近5年全省18个地级市的变化趋势相同,在2016年全省废水排放量呈急剧下降趋势,在其他年份都增加,这也是经济发展、城市化和工业化的必然结果,这与河南省用水量的趋势基本一致。

结合格兰杰因果检验及回归结果,可将河南省用水效率与经济增长的关系总结如下:近10年来的数据显示,用水效率与GDP呈正相关,GDP随着用水效率的提高而增加;农田灌溉亩均用水量和万元工业增加值用水量与GDP均为负相关,但农田灌溉亩均用水量的相关性较弱,而工业用水效率与经济的相关性显著,这也说明了用水效率的提升在工业化迅速发展的今天是十分必要的。

河南省大气污染现状与防治分析
——以郑州市为例

7.1 引言

随着社会的进步和工业化水平的提高，大气污染日益严重，严重危害了人类的健康并且越发成为一个全球性的问题。根据世界卫生组织的数据，2014年由于空气污染，全世界约有370万人死亡，世界卫生组织国际癌症研究机构称，空气污染是导致癌症的主要因素。郑州市近几年经济增长迅速，但也随之出现了很多的环境问题，例如大气污染就是郑州市当今最为严重的问题之一。"两会"期间，习近平总书记多次就环境保护问题和生态文明建设发表演讲，并指出雾霾污染是一个亟待解决的问题。在党的十二届全国人大五次会议上，李克强总理提出要加紧努力，以改善生态环境，这是我们实现可持续发展的内在要求。为了改善空气污染状况，中华人民共和国环境保护部颁布了新的《环境空气质量标准》（GB 3095—2012）。2013年1月郑州市已经开始着手制定《PM2.5综合治理白皮书（2013-2015）》，初步提出PM2.5治理的近期规划。同时，按照环保部的要求，于2013年底前编制完成《郑州市大气污染防治达标规划》；并开展PM2.5污染因子研究分析，为PM2.5的污染防治提供基础数据。近年来，郑州市高度重视大气污染问题，在产业结构调整和政策改善大气环境方面发挥了积极作用。

目前有很多关于城市空气污染的研究，例如城市大气污染与气象条件密切相关。侯亚明（2004）分析了 2002~2004 年和 2006 年郑州市污染特征及污染趋势。朱玉周等（2009）在分析郑州市空气质量状况特征的基础上，以两次冬季持续污染过程为例，分析了气象条件对污染物质的量浓度的影响。申占营等（2009）分析了郑州市区 PM10 污染状况及相关气象条件，并对降水过程中气象条件与气溶胶的关系进行了探讨。杨雪玲（2018）分析了兰州市重污染天气过程环流形势，以及气象因素对大气环境质量的影响。2012 年后我国将空气污染指数（AQI）作为空气污染程度的标准指标，例如张建忠等（2014）分析了北京地区 2013 年 1~2 月的 AQI 时空分布特征，并将其与气象因素进行了拟合分析，得出北京地区 AQI 自东南向西北逐渐减少。

纵观现有文献，主要存在以下缺陷：首先，这些文献研究的时间距今较远，随着时间的流逝及郑州市的经济发展，其参考价值在逐渐减弱；其次，有关郑州市空气污染方面的文献，对气象因素的分析较少，并且缺少空间分布上的变化特征分析。

基于上述分析，本章选择了 AQI 数据，对郑州市 2014~2017 年大气污染进行了多方面、多层次的分析。本章主要以郑州市空气质量为研究对象，收集了 2014~2017 年郑州市九个空气质量监测站点有关空气质量指数和主要污染物浓度的数据，采用斯皮尔曼相关性分析、灰色相关分析及空间插值等方法对郑州市空气质量与气象因素、人为影响因素之间，以及空间上整体的变化特征进行分析；通过《河南统计年鉴》统计了有关郑州市大气污染排放量及能源使用情况等数据，分析影响郑州市空气污染的因素。

7.2 研究区域概况、数据来源和研究方法

郑州市地处中原，位于秦岭东段余脉、中国第二级地貌台阶与第三级地貌台阶的交接过渡地带，总的地势为西南高、东北低，呈阶梯状下降，由西部、西南部构造侵蚀中低山，逐渐下降过渡为构造剥蚀

丘陵、黄土丘陵、倾斜（岗）平原和冲积平原，形成较为完整的地貌序列。其中，西部、西南部中低山分别由嵩山、箕山组成，两者呈东西向近于平行地展布在西部中间地带和西南部边缘。嵩山地形标高一般500~1200米，相对高差30~600米，形成登封、新密与巩义、荥阳的自然分界，其最高峰玉寨山海拔1512.4米。箕山地形标高一般500~800米，相对高差200~400米，构成郑州市西南部边界；构造剥蚀丘陵位于中低山前部，地形标高200~500米，相对高差100~200米。

AQI数据来源于国家环境保护网站、中国环境监测总站，气象数据来源于中国气象数据科学数据共享服务，其中包括气温、气压、风向、风速、相对湿度等数据。郑州市人均GDP、能源消费量、汽车保有量等数据来源于《河南年鉴》。

AQI是基于环境空气质量标准、各种污染物对生态环境和人体健康的影响，将检测到的常规空气污染物浓度降低到单一概念性指标的形式，数值越大，空气污染越严重，对人体越有害。空气质量指数如表7-1所示。

表7-1　AQI指数

AQI	空气质量等级	空气质量状况
0~50	I	优
51~100	II	良
101~150	III	轻度污染
151~200	IV	中度污染
201~300	V	重度污染
>300	VI	严重污染

资料来源：维基百科。

当空气污染指数为0~50、51~100时，空气质量为优、良，基本没有空气污染，人们可以正常活动，并不会对身体产生什么不良的影响。空气污染指数为101~150、151~200时，空气质量为轻度污染和中度污染，易感人群症状有轻度加剧的情况，健康人群出现刺激症状，对健康人群心脏、呼吸系统有影响，这时，儿童、老年人及心脏病、呼吸系统病患者应避免长时间、高强度的户外锻炼，一般人群适当减少户外运动。空气污染指数为201～300时，空气质量为重度污染，心脏病和肺病患者症状显著加剧，运动耐受力降低，健康人群普遍出现症状，儿童、老年人和心脏病、肺病患者应留在室内，停止户外运动，一般人群减少户外运动。空气指数大于300时，空气质量为严重污染，健康人群运动耐受力降低，有明显强烈症状，会提前出现某些疾病，儿童、老年人和病人应当留在室内，避免体力消耗，一般人群应避免户外活动。

本书主要采用斯皮尔曼相关系数、空间插值及灰色关联分析等方法。斯皮尔曼相关系数用于评估两个连续或顺序变量之间的单调关系。在单调关系中，变量倾向于同时变化，但不一定以恒定的速率变化。斯皮尔曼相关系数通常被认为是排列后的变量之间的Pearson 线性相关系数，在实际计算中，有更简单的计算 ρ_s 的方法。假设原始的数据 x_i、y_i 已经按从大到小的顺序排列，记 x_i'、y_i' 为原 x_i、y_i 在排列后数据所在的位置，则 x_i'、y_i' 称为变量 x_i'、y_i' 的秩次，则 $d_i = x_i' - y_i'$ 为 x_i、y_i 的秩次之差。

如果没有相同的秩次，则 ρ_s 可由下式计算：

$$\rho_s = 1 - \frac{6 \sum d_i^2}{n(n^2 - 1)} \tag{7-1}$$

其中，ρ_s 是秩相关系数；D_i 是变量 x_i 和 y_i 的差值，$D_i = x_i - y_i$；x_i 是根据从小到大的浓度值从 1 到 N 的周期的序列号，y_i 是序列号。

如果有相同的秩次存在，那么就需要计算秩次之间的Pearson 线性相关系数：

$$\rho_s = \frac{\sum_i (x_i - \bar{x})(y_i - \bar{y})}{\sqrt{\sum_i (x_i - \bar{x})^2 \sum_i (y_i - \bar{y})^2}} \tag{7-2}$$

一个相同的值在一列数据中必须有相同的秩次，那么在计算中采用的秩次就是数值在按从大到小排列时所在位置的平均值。斯皮尔曼相关系数又被称为非参数相关系数，只要 X 和 Y 具有单调的函数关系，那么 X 和 Y 就是完全斯皮尔曼相关。另外一个关于斯皮尔曼相关系数的非参数性的理解就是样本之间精确的分布可以在不知道 X 和 Y 的联合概率密度函数时获得。

在实际工作中，由于成本的限制、测量工作实施困难大等原因，往往不能对研究区域的每一个位置都进行测量。在该情况下可以考虑合理地选取采样点，然后通过采样点的测量值，使用适当的数学模型，对区域所有位置进行预测，形成测量值表面，该分析过程称为空间插值分析。克里金（Kriging）法是依据协方差函数对随机过程、随机场进行空间建模和预测（插值）的回归算法。郑州市的空气质量不仅受人类主观因素的影响，而且受大气活动、气象因素的影响，存在着显著的空间相关性。所以本章使用克里金插值法（Ordinary Kriging Method，OKM）分析郑州市空气污染的空间关系。

由于系统中各因素的物理意义不同，导致数据的量纲也不一定相同，从而不便于比较或在比较时难以得到正确的结论。因此，在进行灰色关联度分析时，一般要进行无量纲化的数据处理。所谓关联程度，实质上是曲线间几何形状的差别程度。因此，曲线间差值大小，可作为关联程度的衡量尺度。对于一个参考数列 X_0，有若干个比较数列 X_1，X_2，$\cdots$，X_n，各比较数列与参考数列在各个时刻（即曲线中的各点）的关联系数 $\xi(Xi)$ 可由下列公式算出：

$$\xi_i(k) = \frac{\Delta(\min) + \rho\Delta(\max)}{\Delta_{0i}(K) + \rho\Delta(\max)} \qquad (7-3)$$

其中，ρ 为分辨系数，一般在 0 和 1 之间，通常取 0.5。接来下求关联度 r_i，因为关联系数是比较数列与参考数列在各个时刻的关联程度值，所以它的数不止一个，而信息过于分散不便于进行整体性比较，因此有必要将各个时刻的关联系数集中为一个值，即求其平均值，作为比较数列与参考数列关联程度的数量表示，r_i 值越接近 1，说明相关性越好。关联度 r_i 计算公式如下：

$$r_i = \frac{1}{n}\sum_{k=1}^{n}\xi_i(k) \qquad (7-4)$$

7.3 2014~2017年郑州市空气质量现状分析

7.3.1 郑州市空气质量的时间变化特征

7.3.1.1 周变化特征

2014~2017年郑州市AQI周变化的特征如表7-2所示，可知郑州市空气污染在周六和周日较为严重，其中周日数值最高，为126.7，周六为125.2。从数据的波动性上看，周三AQI最为稳定，周末波动最大，其次为周一。

表7-2 2014~2017年郑州市AQI周变化

星期	平均值	标准差
星期一	121.7	71.2
星期二	118.8	59.6
星期三	115.1	54.5
星期四	122.1	60.6
星期五	123.4	60.5
星期六	125.2	64.9
星期天	126.7	74.2

资料来源：中国环境监测总站。

7.3.1.2 月变化特征

通过对2014~2017年郑州市AQI数据的整理，得出郑州市2014~2017年AQI月度变化曲线，如图7-1所示。从图中可以看出，四年总体上均呈现先降后升的"U"型变化规律。在1~5月时，整体呈现下降的趋势，6~8月呈现较平缓的状态，9~12月又呈现逐渐上升的趋势。从图中还可以看出，2014年11~12月郑州市AQI呈现下降趋势，这是由于郑州市民在当年11月发表了一封"致市长马懿呼吁其铁腕治霾"的公开信，政府加强空气治理，使当年12月份AQI值下降。2017年的"U"型在10~12月期间上升缓慢，AQI值相对于其他三年也有所降低。

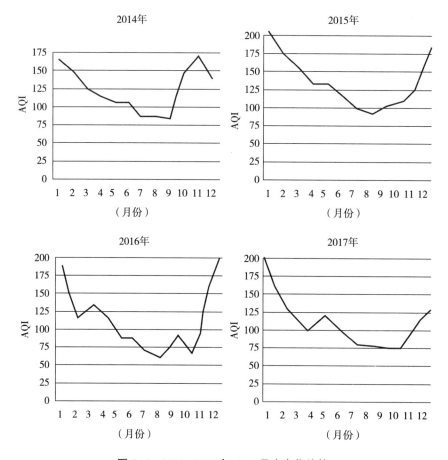

图7-1 2014~2017年AQI月度变化趋势

7.3.1.3 季节变化特征

通过计算得到郑州市 2014~2017 年四季 AQI 的均值。四年中夏季的均值为四季中最低；除了 2014 年，秋季均值都小于春季；冬季均值为全年最高；夏、秋两季均值小于春、冬两季。郑州市春、冬两季空气污染比较严重（见表 7-3）。

表 7-3　郑州市 AQI 四季均值

年份	冬	春	夏	秋
2014	150.94	114.87	92.57	134.04
2015	188.84	139.43	100.18	110.96
2016	171.49	118.21	77.64	105.88
2017	160.56	113.28	87.32	86.54

资料来源：中国环境监测总站。

为了更直观地看出郑州市 AQI 的季节特征，进一步计算出不同空气质量等级在四季中所占的比例，如图 7-2 所示。可以看出，夏季空气质量优、良等级所占比例分别为 6% 和 64%，并且没有重度污染和严重污染；冬季空气质量优、良等级所占比例为 2% 和 23%，重度污染和严重污染所占比例分别为 16% 和 15%；在春季，空气质量为优所占比例为 0%，轻度污染和中度污染分别为 42% 和 16%，均高于秋季和夏季。

综上可知，郑州市空气质量具有显著的季节性特征，这与郑州市为季风性气候密不可分。大气污染物浓度冬、春季节高，夏、秋季节低，特别是冬天经常出现静风、逆温等气象条件，不利于污染物消除和扩散，很容易形成灰霾天气。同时，因为郑州市冬季供暖的需求，需要燃烧大量的煤炭，从而会产生大量的污染颗粒物；而春季干旱、多风沙，大风天气带来的自然尘埃增加了空气中的灰尘含量，因而郑州市春天的空气质量相对于秋天较差；夏季郑州市降雨量增加，太阳辐射增强，地面附近的热对流有利于污染物的扩散，因而夏季为四季

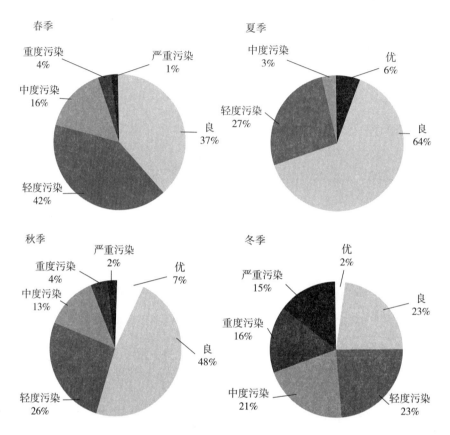

图 7-2　不同空气质量等级在不同季节中所占的比例

中空气质量最好的季节。

7.3.1.4　年变化特征

通过统计得出郑州市 2014~2017 年每年的 AQI 年均值如表 7-4 所示。通过对比表 7-4 可以发现，2014~2017 年郑州市总体的空气质量有所改善。2015 年的空气质量总体来说相对较差，全年的平均空气质量指数为 134.6，为四年中年平均值最高；2017 年年均值为 111.9，为四年中最低值。虽然郑州市的整体空气质量在过去两年有所改善，但是四年的均值均超过 100，属轻度污染。

表 7-4 2014~2017 年郑州市 AQI 的年际变化

年份	平均值	标准差
2014	122.7	56.7
2015	134.6	67.2
2016	118.1	68.9
2017	111.9	60.1

资料来源：中国环境监测总站。

在空气质量波动方面，2015 年的整体空气质量水平最差，波动也很明显；2014 年为四年中波动最为稳定的；2017 年平均空气质量有所改善，并且波动也较上两年有所减少，较为稳定。总体来看，郑州市空气质量在 2017 年有所改善。

为了进一步了解郑州市 2014~2017 年大气污染情况，进一步分析郑州市这四年不同污染质量等级的天数在一年中所占比例。通过图 7-3 可以看出，空气质量为优、良的天数在 2015 年后逐年增加，与此同时重度污染、严重污染的天数变化较小。2014~2017 年郑州市重度污染以上的天数分别为 37 天、46 天、35 天、35 天。虽然郑州市的空气质量整体上有很大的改善，但是依然存在空气严重污染现象。

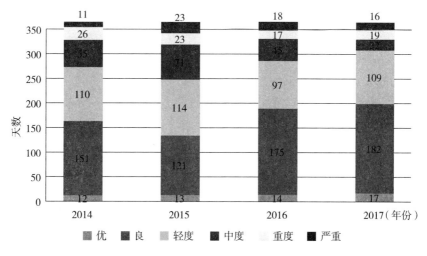

图 7-3 2014~2017 年空气质量年际变化

7.3.2 郑州市空气质量的空间变化特征

7.3.2.1 季节分布特征

对郑州市九个监测点（分别为岗礼水库、供水公司、河医大、经开区管委、市监测站、四十七中、烟厂、银行学校和郑纺机）进行分析。通过对比 2014~2017 年四季平均值可以看到，冬季污染最为严重。根据统计结果可知，冬季平均值最高达到 181.5，最低值为 162.15；夏季污染程度最小，平均值最高为 90.66，最低值为 83.18。

郑州市东南部的监测点为郑州市经开区管委监测站，该站点附近区域为全年污染最为严重的地区，主要原因是经开区形成了汽车零部件、铝产品加工和电子信息制造为主导的产业集群，这些产业会对该地区空气污染产生负面影响。

7.3.2.2 年变化特征

由郑州市 2014~2017 年空气质量年度差值结果可知，郑州市的污染重心发生了转移，2014 年监测点郑纺机和四十七中的空气污染程度较为严重；2015 年监测点经开区管委的空气污染程度较为严重；2016 年监测点经开区管委和烟厂的空气污染程度较为严重；2017 年监测点经开区管委和四十七中附近的空气污染程度较为严重。这表明 2014~2017 年郑州市空气污染的重心向东部发生了转移。

7.4 郑州市 AQI 和主要污染物情况

大气污染主要包括可吸入颗粒物（PM2.5、PM10）、二氧化硫、二氧化氮、一氧化碳及臭氧。通过表 7-5 可以看出，除了臭氧以外，其他的主要污染物与 AQI 均呈现正相关。郑州市空气污染的首要污染

物以可吸入颗粒物为主，其次是二氧化氮和一氧化氮。PM2.5 和
PM10 在不同季节与 AQI 均具有很强的相关性，均高于 0.8，秋、冬两
季二氧化氮和一氧化碳与 AQI 的相关性有所增强，特别是冬季，一氧
化碳与 AQI 的相关性为 0.806，二氧化氮为 0.652。

表 7-5　郑州市 AQI 和主要污染物的季节联系

	PM2.5	PM10	SO₂	NO₂	CO	O₃
春季	0.853 **	0.921 **	0.337 **	0.468 **	0.457 **	-0.110 *
夏季	0.836 **	0.926 **	0.357 **	0.593 **	0.320 **	0.380 **
秋季	0.963 **	0.958 **	0.590 **	0.641 **	0.674 **	-0.101
冬季	0.987 **	0.940 **	0.268 **	0.652 **	0.806 **	-0.491 **

注：** 表示在 0.01 级别（双尾）相关性显著；* 表示在 0.05 级别（双尾）相关性显著。

　　为了进一步分析郑州市大气主要污染物的变化趋势，运用斯皮尔曼
等级相关系数进行分析。Spearman 等级相关系数用于分析主要污染物的
趋势。计算主要污染物浓度变化的等级相关系数的公式见式（7-1）。
　　根据上述公式可以得出 2014～2017 年郑州市主要污染物秩相关系
数，如表 7-6 所示。SO₂、PM10 和 CO 的相关系数分别为-1、-0.8 和
-1，都是负值，也就是说，在 2014～2017 年，三种污染物的浓度值在
逐年下降，并且下降趋势比较明显。图 7-4 更直观地显示出了主要污
染浓度的下降趋势。

表 7-6　2014～2017 年主要污染物秩相关系数

年份	y_i	SO₂			NO₂			PM10			CO		
		年均值	x_i	D_i	年均值	x_i	D_i	年均值	x_i	D_i	年均值	x_i	D_i
2014	1	41.6	4	3	49	1	0	149.4	3	2	1.8	4	3
2015	2	31.7	3	1	54.5	4	2	165	4	2	1.52	3	1
2016	3	27.7	2	-1	52.5	3	0	141.9	2	-1	1.48	2	-1
2017	4	19.8	1	-3	51	2	-2	130	1	-3	1.22	1	-3
r_s		-1			0.2			-0.8			-1		

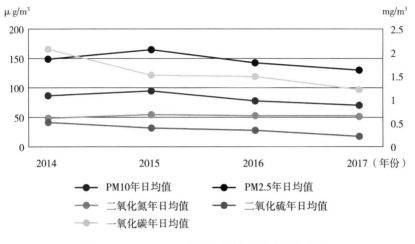

图7-4 2014~2017年主要污染物浓度变化趋势

7.5 郑州市空气污染影响因素分析

7.5.1 人为因素分析

可吸入颗粒物的来源一般分为自然源和人为源。人为因素主要是燃料燃烧过程中形成的烟尘、飞尘等，以及汽车尾气、建筑施工、废弃物焚烧和各种工业过程（燃煤、冶金、化工、内燃机等）直接排放的超细颗粒物，这是可吸入颗粒物的主要形成源，也是可吸入颗粒物污染控制的重要对象。自然因素主要包括风速、气压、气温、降水量、沙尘暴等。

社会经济系统是信息不完全系统，按灰色系统的观点，它属于灰色系统。由于环境数据不完善，并且数据的灰度较大，各个因素之间具有不确定性，所以采用灰色关联分析方法来分析郑州市空气污染的影响因素。郑州市空气污染指标如表7-7所示，工业废气排放量和能

表 7-7 空气污染影响因素及主要大气污染浓度指标值

	2014 年	2015 年	2016 年	2017 年
工业废气排放量（亿立方米）	4435.6	3446	2693.7	2822.45
人均 GDP（元）	72992	77179	84113	93792
固定资产在三个产业投资总额（亿元）	52596.5	63717.2	169986.4	75734.4
能源消费总量（万吨）	2123.38	1962.91	1785.32	1731.81
汽车保有量（万辆）	280	316.8	339.9	386.5
可吸入颗粒物（$\mu g/m^3$）	117.74	129.69	110.13	100.2
二氧化硫年日均（$\mu g/m^3$）	41.26	31.755	27.83	17.78
二氧化氮年日均（$\mu g/m^3$）	48.52	54.49	52.63	51.4
一氧化碳年日均（mg/m^3）	2.07	1.52	1.49	1.21

资料来源：《河南统计年鉴》。

源消费总量呈现逐年下降的趋势。

通过计算影响因素和主要大气污染浓度两者的关联度，得出表 7-8。从表中可以看出，空气污染指标与影响因素之间的灰色关联度均在 0.5 以上。工业废气排放量和能源消费总量对可吸入颗粒物、一氧化碳和二氧化硫的影响均比较大，平均关联度为 0.83。这说明工业废气排放和能源消费总量的增加会对郑州市空气质量产生较大的影响，这两个因素的增加会使郑州市空气污染情况加重。固定资产投资和汽车保有量对二氧化氮的影响比较大，平均关联度为 0.73。

表 7-8 空气污染与其影响因素的灰色关联度

主要污染物	工业废气排放量（亿立方米）	人均 GDP（元）	固定资产在三个产业的投资总额（亿元）	能源消费总量（万吨）	汽车保有量（万辆）
可吸入颗粒物	0.72	0.56	0.55	0.82	0.57
一氧化碳	0.84	0.57	0.60	0.85	0.59
二氧化氮	0.54	0.67	0.75	0.55	0.70
二氧化硫	0.83	0.54	0.55	0.89	0.56

经郑州大学和郑州市环保科研所初步解析，当前影响郑州市空气质量的主要污染源为燃煤污染、机动车尾气污染、扬尘污染和其他污染，占比分别为 36.5%、31.9%、20.9% 和 10.7%。自然因素具有不可控性，所以治理郑州市大气污染需要在人为因素方面加强管理，比如削减污染源、降低排放、增加能源利用率等。

郑州市主要污染物浓度在 2014~2017 年呈现下降的趋势。而对大气污染影响较大的因素，如工业废气排放量和能源消费总量呈现负增长，这对郑州市的空气质量改善起到了积极的作用。

7.5.2 气象因素分析

影响空气污染程度的气象因素主要有气温、降水量、气压、风速和相对湿度。通过对 2014~2017 年郑州市不同季节的 AQI 与气象数据进行分析，得出结果如表 7-9 所示。从表中可以看出，郑州市大气污染程度整体与风速成负相关，且相关性显著；最高气温和平均气温与 AQI 在夏季成正相关，而在其他季节对 AQI 的影响不显著；平均气压在夏、冬两季与 AQI 呈负相关；平均相对湿度在冬季与 AQI 成显著正相关，相对系数为 0.628，与夏季呈现显著负相关，相关系数为 -0.555；降水量与空气质量在秋、夏两季呈现负相关，在冬季相关性不显著。

表 7-9　AQI 与气象要素在季节水平上的相关性

	AQI Spearman 相关系数（春）	AQI Spearman 相关系数（夏）	AQI Spearman 相关系数（秋）	AQI Spearman 相关系数（冬）
最高气温	0.057	0.323**	-0.051	0.016
平均气温	0.026	0.241**	-0.118*	0.025
降水量	-0.168**	-0.372**	-0.350**	-0.005
平均气压	-0.075	-0.172**	0.027	-0.263**
平均风速	-0.260**	-0.171**	-0.260**	-0.461**
最大风速	-0.267**	-0.116*	-0.267**	-0.517**

	AQI Spearman 相关系数（春）	AQI Spearman 相关系数（夏）	AQI Spearman 相关系数（秋）	AQI Spearman 相关系数（冬）
极大风速	-0.111*	-0.107*	-0.247**	-0.521**
平均相对湿度	-0.124*	-0.555**	-0.124*	0.628**

注：** 表示在 0.01 级别（双尾）相关性显著；* 表示在 0.05 级别（双尾）相关性显著。

风速越大，空气流动越快，将大大降低空气中的污染物含量。郑州市冬季风主要来自西北方向，因受寒潮影响风速增大，但是受郑州市西高东低的地形影响，很难降低大气中污染物含量。郑州市冬季会出现逆温现象，导致冬季更加严重的空气污染。降雨与空气质量正相关，即降雨量越多空气质量越好。当降雨超过 10 毫米时有 95% 的天数空气质量达标。自然降雨、降雪对空气污染物起着清除和冲刷作用。郑州市夏季降雨量大，这也是夏季空气质量较好的原因之一；冬季光照时间短、相对湿度较高，这些因素都会加剧空气污染。

7.6 本章小结

7.6.1 结论

根据所得数据对 2014～2017 年郑州市大气污染情况进行分析，得到如下结论：

（1）时间上的变化特征。本章对郑州市 2014～2017 年四年空气质量进行了周变化、月变化、季节变化和年变化分析。从周变化来看，郑州市空气污染具有周末效应，即周末污染程度高于工作日；从月变化来看，郑州市空气质量整体上呈现"U"型变化趋势，12 月至 2 月的空气污染最为严重，夏、秋季节污染相对较轻，冬季重度污染所占比例最高；从年变化来看，整体上郑州市 2014~2017 年空气质量有所改善，其中 2017 年空气质量较好，2014 年的最差。

（2）空间分布特征。郑州市空气质量空间分布规律为：西部的空气质量好于东部，尤其是经开区四季污染均较为严重。郑州市西高东低的地势对其空气质量的空间分布有一定的影响。在四年中的年变化规律上，郑州市空气污染呈现出逐渐向东南偏移的趋势。

（3）影响因素。工业废气排放和能源消费总量的增加会对郑州市空气质量产生较大的影响，会使郑州市空气污染情况加重，固定投资与汽车保有量对空气质量的影响也比较显著。

郑州市空气污染的主要来源为可吸入颗粒物。影响郑州市空气质量的因素主要分为人为源和自然源。人类活动造成的污染具有影响时间长、范围广的特点，这也是空气污染的根本原因。总体来看，郑州市 2014~2017 年废气排放、能源消费总量有所降低，主要污染物浓度值呈现下降的趋势。从气象条件来看，郑州市空气质量与风速、降水量均呈现负相关。另外，在不同季节条件下，气象因素对空气质量的影响也不同：与平均相对湿度在夏季呈现显著负相关，在冬季呈现显著正相关；与气压在冬季呈现负相关，在其他季节基本没有相关性。郑州市夏季降雨量大，这也是夏季空气质量较好的原因之一；冬季光照时间短、相对湿度较高，这些因素都会加剧空气污染。

7.6.2 防治措施

虽然郑州市这四年空气质量整体呈现好转趋势，可是重度污染以上天数占比却没有下降。2017 年郑州市空气污染指数日均值为 111.9，在环保部公布的 2017 年全国 74 个主要城市空气质量排名中居第 66 位，郑州市空气污染状况依然不容乐观。治理郑州市大气污染，需要在人为因素方面加强管理，比如削减污染源、降低排放、提高能源利用率等。为进一步改善郑州市空气质量，提出以下几点建议：

（1）郑州市最主要的污染为煤炭燃烧，所以要进一步优化能源结构，加快清洁能源利用体系建设，大力推动可再生能源发展；郑州市要严格落实燃煤锅炉限建、禁建的管控措施；加快推进散煤替代，推进主城区煤电机组清零和西热东送工程，扎实推进清洁取暖试点城市建设；加快构建一个更加清洁、可靠的能源供应体系。

（2）针对周末效应，可以加强汽车限号出行措施，减少污染高峰期的汽车出行频次。另外，要加强机动车排气污染治理，积极调整交通运输结构，推广新能源车辆；大力发展公共交通，鼓励人们多使用公共交通工具，减少汽车尾气排放。

（3）政府应加强管理，淘汰污染严重企业，推进产业结构的调整、改造和升级，调整三产比例，改善结构性污染问题。

（4）林业在改善大气环境方面起着重要的作用，应贯彻落实"2027年河南省的森林覆盖率达到30%，打造郑州大都市生态区，建设中华生物园和郑州黄河中央湿地公园"计划。

（5）针对郑州市空气污染重心向东南偏移的特点，应该加强对污染最为严重的经开区工业废气排放的治理，控制污染源排放，附近建筑工地施工时应加强对扬尘的处理措施。

河南区域经济协调发展路径设计

8.1 主要结论

本书的主要结论有:

(1) 四大城市群内部各城市之间的经济关联度都不高,其中长三角城市群内部各城市之间的经济关联最高,但空间关联网络都具有很强的稳定性。长三角城市群和京津冀城市群没有"经纪人板块",珠三角城市群有两个"经纪人板块";四大城市群都至少有一个溢出类板块,而长三角城市群具有两个溢出类板块。京津冀城市群、长三角城市群和中原城市群的经济增长原动力为"资本溢出型",而珠三角城市群的经济增长原动力为"劳动溢出型"。四大城市群经济增长板块结构中原动力板块和"动力传导通道"的数量都有所不同,其中京津冀城市群和长三角城市群内部动力传导机制在四大城市群中较为完善和复杂。

(2) 河南省县域经济联系网络密度不高,但形成了较为坚固的环形经济联系网络结构。经济联系中心度分布不均衡,表现出明显的三个地域特征:一是北部强于南部、东部强于西部;二是形成了三个联系强度圈——北部强度圈、中东部强度圈、西北部强度圈;三是经济联系中心度低的县域多与河南省市辖区相邻。

(3) 河南省县域可划分为四个经济联系板块。其中,第三板块"净溢出板块"充当河南省经济增长的发动机,将经济增长的动能传递给第四板块。第四板块为"经纪人板块",在河南省县域经济联系网络中起到了明显的桥梁和枢纽作用。第四板块又将经济增长的动能传递给第一板块,第一板块(主受益板块)与第二板块(双向溢出板块)同时进行相互的经济增长的传递。初期第一产业产值、初期第二产业产值、人均收入初始值和变化值、溢出关联关系数、收益关联关系数六个影响因子对经济增长板块的形成具有显著性影响。

(4)河南县域水平的区域经济发展存在俱乐部趋同现象。其中,高水平的区域主要集中在豫中的郑州市周边一带、豫北的安阳市部分地区及豫东的商丘部分地区,整体趋势为"C"型,经济发展稳定;中高水平的区域则比较分散,大多分布在豫东的周口和豫南部分区域,发展类型不稳定;中低水平的区域主要在豫南的平顶山、南阳、信阳、驻马店的部分地区呈零散分布,稳定性较差;低水平区域主要集中分布在豫西的洛阳市各县和豫北的新乡、鹤壁的部分地区,经济发展状态也较稳定。

(5)地理邻居和经济邻居关系对趋同俱乐部的变迁有一定的影响,通常情况下,与高水平区域相邻会增加该地区向上转移的概率,与低水平相邻会增加其向下转移的概率;两者的耦合作用会在一定程度上强化两者的效应,但也会出现特殊现象,如虹吸效应。本书的预测发现,河南县域经济趋同俱乐部稳定在中高和高水平的概率较高,低水平和中低水平区域将会向上发生类型转移,发展前景较好。

(6)河南省水资源储量的变化不具有一致性,呈东南—西北反向分布模式。地表水的供应量变化在绝大部分地级市趋于一致,而地下水供应量呈减少趋势。河南省用水量大体上是呈增加趋势的。农业用水的比例最大,基本占总用水量的50%。工业用水量南阳市、鹤壁市和漯河市的变化趋于一致,南阳市变化较为显著。在废水排放量上,近5年全省18个地级市的变化趋势相同。用水效率与GDP呈正相关,其中,工业用水效率的影响远远大于农业用水效率的影响。

(7)郑州市这四年空气质量整体上呈现"U"型变化规律,呈现逐渐改善趋势;在季节变化上,春、夏两季的空气质量要好于秋、冬两季,夏季为全年空气质量最好的季节,冬季空气污染最为严重;从空间分布上来看,郑州市东南部污染最为严重;人为影响因素方面,汽车保有量、人均 GDP、工业废气排放量及能源消耗总量等对郑州市大气产生了重要影响;气象因素方面,风速及相对湿度对大气污染的影响较强。在不同季节,不同气象因素对大气污染的影响程度也不一样。

8.2 协调发展路径

第一,将区域空间关联作为区域协调发展的重要决策变量,将提高区域关联的紧密性、创造更多的空间溢出作为重要的决策目标。打破各县间各自为政的局面,突破行政壁垒的界限,推动信息、劳动力、资金、技术等要素自由流动于市场中,实现资源的优化配置。针对各区域在空间联系中的不同地位和作用,以及经济增长板块的不同功能,选择有针对性的区域发展政策,进行定向调控和精准调控,增强区域经济增长的空间协同效应区域发展政策。

第二,加强城市间的集聚效应,引导各城市之间相互竞争与合作,重点发展中原城市群。河南省有 18 个地级市和 20 个县级城市,这些城市都为发展较为良好的城市,郑州作为这些城市的中心,其重要作用不言而喻。这些城市纵横交错,都有一定的经济基础,多个城市之间可以根据自己的地区优势形成一条产业链,这样可以带动多个城市经济共同发展。中原城市群已经初具规模,但集聚效应仍没有长三角、珠三角城市群明显,各城市之间仍然存在发展障碍。特别在产业集聚方面,需要政府引导企业间形成密切的联系,政府在这方面往往起到重要的作用。而当地企业也需要有一定的合作意识,寻找对自己最有利的渠道,努力开拓,从而对自身及对当地经济的发展都具有不容置疑的优势。

首先,中原城市群内部各级政府应加强与所属城市群的其他城市的经济关联和经济交流,促进城市群的协调发展,增多城市群经济增长空间关联的关联关系数,达到提高城市群内城市之间经济增长空间关联的紧密程度、保持空间关联网络稳定性和创造更多经济空间溢出通道的目的。其次，中原城市群不仅要增强城市群内部的溢出效应，还要增加其内部四大经济增长板块的"动力传导通道"的数量，使经济板块分布更加完善。再次，中央政府对中原城市群内的增长源头"双向溢出板块"和"溢出板块"加大关怀和政策支持，以达到更大程度上激发"动力源"板块在经济增长上的空间溢出效应的目的。还要给予在中原城市群经济增长中起着重要"桥梁"作用的城市和"经纪人板块"更多的福利和财政投入，以达到加强这些地区经济增长动力的传递功能的目的。又次，要对"主受益板块"和"净受益板块"对空间溢出效应的接收能力进行提升和优化，营造更好的受益环境，以达到提高这些地区因经济增长而受益的程度和保持对其受益的高利用效率的目的。最后，政府还应大力支持发展人口流出多的地区的地方产业，做到将人"留下来"，发展当地经济；加强经济发达地区和经济落后地区的经济交流、技术交流、人才交流、资本交流，营造以经济发达地区作为增长极，各地区循环促进中原城市群经济协调增长的局面。

第三，抓住经济新常态机遇，逐步缩小河南县域两极差距。经济新常态时期是落后县域缩小与经济水平较高县域经济差距的良好机会，河南经济低水平及高水平县域保持原有经济类型的概率较大，实行辐射—吸附兼顾战略，实现省内县域经济协调发展。低水平县域应努力提高自身经济水平，向中低—中等经济类型转移，高水平县域在保持高水平经济发展的前提下应带动其他县域经济发展。经济水平处于低水平的县域要发掘县域内优势产业，并将该产业链向上发展至中等水平、中高水平甚至高水平经济类型地区，以促进当地经济发展，比如，西峡县、安阳县等县域特色产业产品可向郑州—洛阳周边县域布局厂房设施；而经济发展水平较好地区，在产业转移、产业园区建设等条件下，应对周边落后地区进行考察，在劳动成本、交通时间、经济范围等允许的前提下，为落后地区带来产业、工业或者其他行业厂区，辐射至周边县域，吸收落后地区劳动力，形成园区，比如郑州市制造业等企业向武陟、安阳等高铁站点开通县域转移，这样不仅促进了自身产业转型、产业经济等的完成与提升，而且带动了落后地区县域经济发展，提高了当地人均收入与人民生活质量，缩小了县域间经济差距，促进县域间经济协调发展。

第四，经济新常态背景下，河南县域经济发展应打破传统地理邻居局限，实现空间经济互动网并进行加强，形成经济共同体。河南县域经济水平与县域经济空间邻居水平相关性较大，且县域经济水平与经济空间邻居县域经济水平不协调，在以不同经济类型县域为邻居县域时，不同经济类型县域转移趋势不同。未来发展中，河南各县域应根据自身优势与不足，积极拓展跨区域产业企业，根据各产业产品输出地及运输成本，在不同县域建立产业子公司，打破地理邻近设址束缚，实现跨区域作战，在空间上由点形成线，实现县域优势企业及产业的空间经济网，从而实现经济共同体。加强地区之间的经济合作交流，打造完整的产业链条，促进产城联动，以高端化、智能化、绿色化、融合化的产业结构带动经济发展。区域经济体之间有较强的关联性，所以要充分利用河南省的人口、资源、交通区位等有利条件，以供给侧结构性改革为路径，提升供给体系的质量和效率，加快实现产业结构的转型和增长动力的转换。挖掘巨大的内需市场，使丰富的矿产资源、农业资源和人力资源，以及良好的产业基础和产业发展配套条件在全球产业链和价值链中占据更高的位置。同时，也要注意避免虹吸效应的负面影响，合理调控政府职能，控制市场作用下的资源、人才的流动，发挥虹吸效应的积极作用，如落实"三区一群"发展战略及三大国家战略规划，积极打造新型战略平台，构建战略联合体引领经济社会发展。

第五，加强政府宏观调控，推进公平，提高效率，制定梯度型区域政策，改善低、中低收入层次趋同俱乐部经济发展的政策环境。在保持高收入水平地区经济快速稳定发展的同时，提高高水平地区的极化效应能力，打造具有不同辐射范围的发展增长极。对于郑州等"龙头"级的城市，要将其培育发展成全国性质的增长极，其他地区也要积极培育多个增长极，以增长极为依托来带动周边低水平区域的发展，让个别城市优先发展壮大，并通过扩大城市规模，提高对周边城市的辐射带动能力。

对于经济发展水平较高的县域，首先，推动现有增长点的产业结构转型升级。在一定时期内，要敢于承受这些地区经济增速减缓所产生的压力，允许其从容地进行结构转型和升级。防止为保一时的增速而失去转型升级的战略机遇。其次，瞄准第三次工业革命的新动向，以增强创新发展能力、抢占新的技术和产业制高点为核心，引导这些发达地区的结构转型和升级，推动其在全省率先进入新的增长周期。最后，加强教育和科技投入，提升人力资源素质，着力构建支撑结构转型升级的要素禀赋，积极培育结构转型升级所必需的"土壤"。防止陷入仅仅靠投资来发展现代产业的误区。

对于那些长期处于较低经济发展水平的县域，建议政府针对这类县域采取以下措施，逐步提高其与先进县域接力增长的能力，使之成为推动全省经济持续较快增长的后备接力区域。一是加大对这些县域的基础设施、基础教育投入，改善公共卫生和文化条件，加强生态环境治理，不断增强其经济持续快速增长的内生能力。二是从优化投资结构入手，引导这些县域转变经济增长方式，提高经济增长的持续性。重点是，改变依赖自然资源开采和粗加工、利用房地产投资而产生的不健康的经济快速增长现象。特别是要严控房地产过快发展，预防其拉动要素价格过快上涨而使这些县域的低要素成本优势在短期内耗尽，丧失增长后劲。三是把消除区域性贫困摆在重要位置，采取移民搬迁与乡村城镇化、工业化相结合，生态治理与生态农业、生态旅游业发展相结合，政府扶持与非政府组织、企业参与相结合等多种手段，突破制约连片贫困地区发展的瓶颈。

为了增强发达县域与欠发达县域之间的增长关联性，建议政府从以下几个方面推动其互动发展：①加大引导产业有序转移的力度，支持现有增长点的劳动密集型和资源密集型产业向新增长点转移，激活承接区域的资源和市场潜力，促进其经济结构调整和经济增长。②以"米"字形高铁、城际铁路、京广线、陇海线，以及省内四通八达的高速公路为依托，以交错分布在快速增长俱乐部和缓慢增长俱乐部之间的中等县域为纽带，构建西北与东南互动发展大走廊。③大力支持西北部发达县域与东南部落后县域之间开展以地方政府和企业为主体的区域合作，形成互利共赢的区域合作长效机制。④创新现有增长点与新增长点之间的帮扶机制，开展包括地方政府、非政府组织、企业等多元主体，县、乡、村等多个层次在内的多样化对口帮扶，帮助新增长点地区消除加快区域的发展"短板"。

第六，精准把握乡村振兴的时代要求，提高农业体系质量，推进新型城镇化进程。认清一直以来农业、农民、农村三个层面存在的问题，比如农民收入持续低迷、粮食产量下滑、农村基础设施差、城乡差异扩大、农村空心化等。针对这些问题，政府应该重视新型城镇化建设，尽快落实针对性的产业发展政策，出台和落实产业发展政策，以产业集聚区和各种产业园区为发展载体，吸引发展水平较高区域的产业转移，同时要发展现代化农业，发挥河南省作为全国的粮食核心区的主产区优势，加强建设农业基础设施和支撑体系，培育优质农产品基地，提高农业集约化水平，以产品质量带动品牌效益的同时也要做好宣传推广，增加产品附加值和提高品牌竞争力。

第七，积极发挥地方优势，调动地区内部发展要素，把握"一带一路"新机遇，筑建对外开放新高地。近年来，河南在对外交流中寻找到了新的突破口，改善了原有的市场要素流动性和低效性的问题及市场的整体环境，凭借资源优势和劳动力优势，依靠"空、陆、互联网"多层次地扩展开放空间。进一步扩大对外开放力度，充分把握新时代"一带一路"契机，释放对外开放活力，继续加强"空、陆、电商"三方面立体通道的打造，加强区域间经济交流，加大人才和技术的引进力度，改善投资环境，使之成为独特的地方优势，实现河南省区域经济协调发展。

第八，保护水资源，提高水资源的利用率。首先，注重地下水的利用和保护。地下水是河南省水资源的重要组成部分，其具有水质好、供水保证程度高等特点，也是农业灌溉、工矿和城乡生活的重要水源之一。2014年以后，河南省地下水源供应量急剧减少，一定程度上反映了地下水过度开采所造成的水资源短缺问题。所以需要采取措施加快规范地下水的开采和封井措施，结合应急供水需求和水质监测体系，选好应急备用地下水源。其次，用水源为经济增长、城乡发展注入活力。保证农业、工业用水的供应，用水源创造更多的经济效益。水也是动植物生长的基本要素，应注重生态用水的使用，保持水体自净能力，维持水生态系统，同时可以美化城乡环境，实现水资源的优化配置和可持续发展的目标。再次，优化废水处理设备，保护生态环境。工业废水和生活污水是废水的两大来源，工业废水污染程度高，并且处理成本较高。生活废水中有机物含量高，极易变质。所以应对化工厂、造纸厂、金属加工厂等高污染的行业实行更严格的管理，鼓励技术创新、优化、增加废水处理设备，减少污染物质的排放，切实减少废水中 COD 含量和氮氧含量。最后，提高水资源的使用效率，集约有限的水资源，实现利益的最大化。农业上推广节水灌溉，近几年已经取得了卓越的成效，虽然农业用水量近几年变化不大，但是灌溉面积却越来越大，节水灌溉面积也越来越大。工业上也使用节水设备，充分利用每一立方水，对成果显著的企业政府进行补贴，这样不仅可以推动企业的发展，更重要的是对整个社会 GDP 的增长也有重要意义，使万元 GDP 用水量、农田灌溉亩均用水量和万元工业增加值用水量持续保持下降的趋势。人民群众也需要积极参与其中，生活上自觉节约用水，提高水资源的利用率，为我国经济发展贡献一份力量。

第九，防止环境污染物的大量排放，提高当地环境质量。环境问题一直是各地区经济发展中存在的问题。我国到了经济快速发展时期，各地区出现的环境问题严重影响到人们的生活。各城市应当秉持"不以牺牲环境促发展"的理念，坚持可持续发展。河南省各城市在处理环境污染物方面取得了一定成效，但仍然是环境污染的重灾区，特别是郑州市，近几年一直处在严重污染地区之列。引进绿色能源，坚持绿色出行，保护自然环境，不仅是政府需要做的，也是各地区人民群众需要践行的。一个清新舒适的城市环境，不仅能够促进当地经济的发展，而且是人们健康生活的重要基础。因此，提高当地环境质量，加强地区对污染环境的惩戒力度，是一个地区持续发展的重要支撑。

参考文献

［1］安俞静，刘静玉，李宁，乔墩墩，刘梦丽. 中原城市群铁路网络可达性及经济联系格局［J］. 长江流域资源与环境，2018，27（9）：1947-1957.

［2］陈渤黎，吴建秋，吴晶璐等. 2012-2014 年常州市空气质量变化及其影响因素分析［J］. 气象与减灾研究，2015，38（3）：68-74.

［3］陈红娟，冯文钊，彭立芹. 县域经济发展水平评价及时空格局演变——以河北省为例［J］. 测绘科学，2016，41（4）：97-101.

［4］崔长彬，王海南，张正河. 县域经济 σ-趋同的空间计量经济检验——以河北省 136 县（市）为例［J］. 经济问题，2012（4）：61-64.

［5］单宝艳. 基于空间马尔可夫链的山东省区域经济时空演变分析［J］. 开发研究，2009（1）：72-75.

［6］邓朝晖，刘洋，薛惠锋. 基于 VAR 模型的水资源利用与经济增长动态关系研究［J］. 中国人口·资源与环境，2012，22（6）：128-135.

［7］邓建高，江薇. 江苏省城市空间经济联系的社会网络结构分析［J］. 商业经济研究，2015（6）：131-133.

［8］丁志伟，康江江，王超. 基于"市域—县域—镇域"三维尺度的信阳市经济空间格局的研究［J］. 河南科学，2015，33（10）：1848-1855.

［9］杜荣光，齐冰，郭惠惠等. 杭州市大气逆温特征及对空气污染浓度的影响［J］. 气象环境学报，2011，27（4）：49-53.

［10］杜挺，谢贤健，梁海艳，黄安，韩全芳. 基于熵权 TOPSIS 和 GIS 的重庆市县域经济综合评价及空间分析［J］. 经济地理，2014，

34（6）：40-47.

［11］段小微，叶信岳，房会会.区域经济差异常用测度方法与评价——以河南省为例［J］.河南科学，2014，32（4）：632-638.

［12］方大春，孙明月.高铁时代下长三角城市群空间结构重构——基于社会网络分析［J］.经济地理，2015，35（10）：50-56.

［13］方大春，周正荣.安徽省城市经济联系结构研究：基于社会网络分析［J］.华东经济管理，2013，27（1）：18-22.

［14］高卷，罗芳.河南省县域经济社会发展水平综合评价及差异分析［J］.农村经济与科技，2014，25（7）：104-107.

［15］高蒙.河南省地下水水质空间统计分析［D］.华北水利水电大学硕士学位论文，2017.

［16］高鑫，修春亮，魏冶，梁振民.基于高速公路货流数据的重庆市区县关联网络格局研究［J］.人文地理，2016，31（1）：73-80.

［17］宫小苏，张兴宇，栾敬东.安徽省县域经济发展水平综合评价分析——基于因子分析的实证研究［J］.山西农业大学学报（社会科学版），2015，14（5）：452-457.

［18］谷学明，王远，赵卉卉，王芳，朱晓东，陆根法.江苏省水资源利用与经济增长关系研究［J］.中国环境科学，2012，32（2）：351-358.

［19］郭子龙，王杨，尚一珂，孟庆香.基于空间结构的河南省区域经济发展分析［J］.河南农业大学学报，2014，48（6）：795-800.

［20］韩峰，李二玲.中原经济区城乡协调发展评价［J］.经济经纬，2015（2）：13-18.

［21］何伟纯，姜玉玲，康江江等.河南省经济差异的时空演变及其动力机制［J］.地域研究与开发，2016，35（4）：22-26.

［22］贺三维，王伟武，曾晨，刘明辉.中国区域发展时空格局变化分析及其预测［J］.地理科学，2016，36（11）：1622-1628.

［23］贺亚锋，韩增林.中原经济区县域经济差异及成因分析［J］.资源开发与市场，2012（10）：880-883.

［24］侯亚明.郑州市城区环境空气污染特征分析［J］.河南科

学，2004，22（4）：273-276.

[25] 胡锦程，马汝彪，王金亮. 滇中经济区县域经济发展与水资源协调度研究［J］. 云南地理环境研究，2012，24（3）：79-84.

[26] 胡凯. 河南省农业水资源可持续利用的技术发展探讨［D］. 成都理工大学硕士学位论文，2018.

[27] 黄馨，黄晓军. 基于社会网络分析方法的关中—天水经济区经济联系格局演化［J］. 人文地理，2016，31（2）：113-119.

[28] 蒋小荣，汪胜兰，杨永春. 中国城市人口流动网络研究——基于百度 LBS 大数据分析［J］. 人口与发展，2017，23（1）：13-23.

[29] 孔祥智，张琛. 京津冀地区城市农业经济联系的社会网络分析［J］. 北京农业职业学院学报，2018，32（3）：5-15.

[30] 劳昕，沈体雁，杨洋，张远. 长江中游城市群经济联系测度研究——基于引力模型的社会网络分析［J］. 城市发展研究，2016，23（7）：91-98.

[31] 李晶晶，苗长虹. 长江经济带人口流动对区域经济差异的影响［J］. 地理学报，2017，72（2）：197-212.

[32] 李敬，陈澍，万广华，付陈梅. 中国区域经济增长的空间关联及其解释——基于网络分析方法［J］. 经济研究，2014，49（11）：4-16.

[33] 李克强. 政府工作报告［N］. 人民日报，2017-03-17（1）.

[34] 李爽爽，苗丽静. 河南省县域经济增长俱乐部趋同分析及预测［J］. 燕山大学学报（哲学社会科学版），2016，17（2）：124-131.

[35] 李松华. 河南省水资源对经济增长的影响研究［J］. 人才资源开发，2014（18）：18-20.

[36] 李胭胭，鲁丰先. 河南省经济增长质量的时空格局［J］. 经济地理，2016（3）：41-47.

[37] 梁经伟，文淑惠，方俊智. 中国-东盟自贸区城市群空间经济关联研究——基于社会网络分析法的视角［J］. 地理科学，2015，35（5）：521-528.

[38] 刘华军，何礼伟. 中国省际经济增长的空间关联网络结

构——基于非线性 Granger 因果检验方法的再考察 [J]. 财经研究, 2016, 42 (2): 97-107.

[39] 刘华军, 张耀, 孙亚男. 中国区域发展的空间网络结构及其时滞变化——基于 DLI 指数的分析 [J]. 中国人口科学, 2015 (4): 60-71, 127.

[40] 刘华珂. 河南省城市经济联系格局、影响因素及策略 [J]. 河南科技学院学报, 2017, 37 (11): 62-67.

[41] 刘士林. 改革开放以来中国城市群的发展历程与未来愿景 [J]. 甘肃社会科学, 2018 (5): 1-9.

[42] 刘亚, 王利, 高鹏. 基于 ESDA 的中原经济区县域经济发展水平差异及驱动力分析 [J]. 云南地理环境研究, 2016, 28 (1): 49-54.

[43] 刘自强, 周爱兰. 宁夏县域经济的类型演变特征及其发展路径 [J]. 人文地理, 2013, 28 (4): 103-107.

[44] 卢柳叶, 张青峰, 李光录. 基于 GIS 主成分聚类分析的山西省县域经济差异研究 [J]. 中国农业资源与区划, 2012, 33 (6): 45-50.

[45] 鲁金萍, 孙久文, 刘玉. 京津冀城市群经济联系动态变化研究——基于城市流的视角 [J]. 经济问题探索, 2014 (12): 99-104.

[46] 马翠, 许莘方, 周先东. 重庆区域经济联系结构研究——基于社会网络分析 [J]. 重庆理工大学学报 (自然科学版), 2018, 32 (10): 190-197.

[47] 马海良, 施陈玲, 王若梅. 江苏省水资源环境和城镇化发展的协调性 [J]. 水利经济, 2015, 33 (3): 1-5, 75.

[48] 马丽君, 龙云. 基于社会网络分析法的中国省际入境旅游经济增长空间关联性 [J]. 地理科学, 2017, 37 (11): 1705-1711.

[49] 马丽君, 肖洋. 长江中游城市群旅游经济增长空间关联性分析 [J]. 江南大学学报 (人文社会科学版), 2018, 17 (6): 90-98.

[50] 孟德友, 陆玉麒. 基于引力模型的江苏区域经济联系强度与方向 [J]. 地理科学进展, 2009, 28 (5): 697-704.

［51］苗长虹，王海江. 河南省城市的经济联系方向与强度——兼论中原城市群的形成与对外联系［J］. 地理研究，2006（2）：222-232.

［52］谢庆裕. 我们的空气肿么了？［N］. 南方日报，2013-01-21（A12）.

［53］欧向军，薛丽萍，顾雯娟. 江苏省县市经济联系的空间特征［J］. 经济地理，2015，35（8）：24-31.

［54］潘竟虎，戴维丽. 基于网络分析的城市影响区和城市群空间范围识别［J］. 地理科学进展，2017，36（6）：667-676.

［55］潘少奇，李亚婷，高建华. 中原经济区经济联系网络空间格局［J］. 地理科学进展，2014，33（1）：92-101.

［56］彭翀，王静. 河南省经济空间带动性发展格局及其城镇化空间策略研究［J］. 经济地理，2014，34（9）：68-73.

［57］彭芳梅. 粤港澳大湾区及周边城市经济空间联系与空间结构——基于改进引力模型与社会网络分析的实证分析［J］. 经济地理，2017，37（12）：57-64.

［58］彭玲. 广东自贸区对接粤港澳合作发展研究［J］. 合作经济与科技，2019（5）：104-106.

［59］蒲英霞，马荣华，葛莹，黄杏元. 基于空间马尔可夫链的江苏区域趋同时空演变［J］. 地理学报，2005（5）：817-826.

［60］齐梦溪，鲁晗，曹诗颂，王文娟，邵静，赵文吉. 基于引力模型的经济空间结构时空演变分析——以河南省为例［J］. 地理研究，2018，37（5）：883-897.

［61］乔志霞，张艳荣，苏小凤. 西部民族地区县域经济发展分类与比较研究——以甘肃省为例［J］. 中国农业资源与区划，2013，34（6）：150-157.

［62］山东省习近平总书记系列重要讲话精神学习研究课题组. 新常态下的经济转型发展［J］. 山东社会科学，2015（4）：5-11.

［63］邵留长，乔家君，汪永新. 河南省县域经济空间结构及演进特征［J］. 地域研究与开发，2016，35（1）：64-69.

［64］申怀飞，侯刚，田金磊. 基于引力模型的中原城市群经济联

系强度分析 [J]. 湖北农业科学, 2014, 53 (4): 989-992.

[65] 申占营, 陆斌, 陈海波, 马志红. 降水过程中气象条件对郑州市区气溶胶浓度的影响 [J]. 气象与环境科学, 2009, 32 (3): 55-58.

[66] 申占营, 熊杰伟, 陈东等. 郑州市区 PM 污染状况及相关气象条件分析 [J]. 气象与环境科学, 2005, 28 (1): 28-29.

[67] 沈宁娟. 基于水足迹的河南省农业水资源利用研究 [J]. 许昌学院学报, 2018, 37 (6): 19-22.

[68] 宋利利, 秦明周, 张鹏岩, 雒海潮. 河南省县域农民收入与经济发展的时空差异及协调度评价 [J]. 河南大学学报 (自然科学版), 2016, 46 (1): 33-39.

[69] 孙才志, 陈丽新. 我国虚拟水及虚拟水战略研究 [J]. 水利经济, 2010, 28 (2): 1-4.

[70] 孙才志, 孙语桐. 基于 NRCA 模型的辽宁省水资源利用比较优势分析 [J]. 地域研究与开发, 2010, 29 (2): 123-128.

[71] 孙才志, 谢巍, 姜楠, 陈丽新. 我国水资源利用相对效率的时空分异与影响因素 [J]. 经济地理, 2010, 30 (11): 1878-1884.

[72] 覃成林, 刘迎霞, 李超. 空间外溢与区域经济增长趋同——基于长江三角洲的案例分析 [J]. 中国社会科学, 2012 (5): 76-94, 206.

[73] 覃成林, 张伟丽. 中国区域经济增长俱乐部趋同检验及因素分析——基于 CART 的区域分组和待检影响因素信息 [J]. 管理世界, 2009 (3): 21-35.

[74] 谭灵芝. 我国土地要素产出空间关联网络特征及其效应研究 [J]. 商业研究, 2018 (6): 41-51.

[75] 陶燕, 刘亚梦, 米生权等. 大气细颗粒物的污染特征及对人体健康的影响 [J]. 环境科学学报, 2014, 34 (3): 592-597.

[76] 田益祥, 雷奥, 赵如波. 新常态下金融行业集聚与区域经济增长的空间效应研究——基于四川省 21 个市州的空间计量实证分析 [J]. 电子科技大学学报 (社科版), 2019, 21 (1): 76-84.

[77] 童纪新，张奇. 基于社会网络分析法的泛长三角区域经济联系分析 [J]. 工业技术经济，2016，35（10）：38-46.

[78] 王晨. 北京市空气质量与气象条件的关系及其预测研究 [D]. 兰州大学硕士学位论文，2018.

[79] 王飞. 城乡金融排斥与区域金融发展空间分异——基于河南省 126 个县（市）数据的实证分析 [J]. 福建农林大学学报（哲学社会科学版），2015，18（2）：36-41.

[80] 王景云，张红日，赵相伟等. 2012—2015 年北京市空气质量指数变化及其与气象要素的关系 [J]. 气象与环境科学，2017，40（4）：35-41.

[81] 王俊，徐金海，夏杰长. 中国区域旅游经济空间关联结构及其效应研究——基于社会网络分析 [J]. 旅游学刊，2017，32（7）：15-26.

[82] 王圣云，秦尊文，戴璐，王鑫磊. 长江中游城市集群空间经济联系与网络结构——基于运输成本和网络分析方法 [J]. 经济地理，2013，33（4）：64-69.

[83] 文嫱，韩旭. 高铁对中国城市可达性和区域经济空间格局的影响 [J]. 人文地理，2017，32（1）：99-108.

[84] 文建东，李慧，石韵珞. 经济增长质量的测度与分析——以县域经济为例 [J]. 湖北社会科学，2012（7）：72-79.

[85] 吴常艳，黄贤金，陈博文，李建豹，徐静. 长江经济带经济联系空间格局及其经济一体化趋势 [J]. 经济地理，2017，37（7）：71-78.

[86] 吴瀚然，沈映春，胡庆江. 京津冀区域经济增长的空间关联特征及其解释——基于空间自相关与网络分析法 [J]. 江西社会科学，2016，36（3）：75-80.

[87] 吴建伟. 社会网络资本与经济发展差距相关性研究——基于中国城市数据的分析 [J]. 经济问题探索，2015（9）：51-56.

[88] 胥亚男，李二玲，屈艳辉等. 中原经济区县域经济发展空间格局及演变 [J]. 经济地理，2015（4）：33-39.

［89］徐东波，刘雅珍，孙若涵. 中国与东盟国家经济增长的空间溢出——基于空间面板杜宾模型的实证分析［J］. 经济问题探索，2019（1）：119-126，138.

［90］徐威威. 辽宁省水资源利用与经济增长之间的关系研究［D］. 辽宁师范大学硕士学位论文，2017.

［91］徐雁南. 生态园林城市评价指标体系优化与应用［D］. 南京林业大学博士学位论文，2011.

［92］许淑娜. 河南省县域经济空间结构动态演变分析［J］. 河南科学，2013，31（9）：1496-1501.

［93］许燕婷，刘兴诏，王振波. 基于AQI指数的中国城市空气质量时空分布特征［J］. 广西师范大学学报（自然科学版），2019（3701）：187-196.

［94］杨波. 河南省县域经济发展水平影响因素的实证分析［J］. 价格月刊，2008（7）：26-27.

［95］杨慧敏，罗庆，李小建. 河南省县域贫困程度及影响因素分析［J］. 人文地理，2017，32（5）：48-55.

［96］杨沛舟，徐维祥，黄明均，刘程军. 创新资源、空间溢出与城市发展——以长三角为例［J］. 科技与经济，2018，31（4）：26-30.

［97］杨吾扬，张超，徐建华. 谈谈现代地理学中的数量方法与理论模式（下）［J］. 地域研究与开发，1996（2）：6-9，13.

［98］杨雪玲. 兰州市重污染天气过程环流形势与气象条件研究［D］. 兰州大学硕士学位论文，2018.

［99］姚丽，谷国锋. 基于GWR的河南省县域经济差异及其驱动因子的时空演变研究［J］. 河南科学，2014，32（9）：1853-1859.

［100］叶堤，王飞，陈德蓉. 重庆市多年大气混合层厚度变化特征及其对空气质量的影响分析［J］. 气象与环境学报，2008，24（4）：41-44.

［101］叶磊，段学军，欧向军. 基于社会网络分析的长三角地区功能多中心研究［J］. 中国科学院大学学报，2016，33（1）：75-81.

［102］于谨凯，马健秋. 山东半岛城市群经济联系空间格局演变

研究 [J]. 地理科学, 2018, 38 (11): 1875-1882.

[103] 余昌颖. 福建省原中央苏区县域经济发展评价研究 [J]. 东南学术, 2014 (6): 150-157.

[104] 余萱, 李二玲. 河南省城乡协调发展的时空演化 [J]. 河南大学学报 (自然科学版), 2014, 44 (5): 557-565.

[105] 袁野, 钱莲芬. 基于网络分析法的中国区域金融空间关联分析研究 [J]. 温州大学学报 (自然科学版), 2018, 39 (3): 38-46.

[106] 张凤太, 苏薇词. 水资源与经济社会耦合协调时空分异研究——以贵州省为例 [J]. 沈阳农业大学学报, 2016, 47 (10): 25-30.

[107] 张改素, 王发曾, 丁志伟. 河南省城乡统筹发展的时空特征与定位推进 [J]. 人文地理, 2013, 28 (4): 89-95.

[108] 张建忠, 孙瑾, 王冠岚等. 北京地区空气质量指数时空分布特征及其与气象条件的关系 [J]. 气象与环境科学, 2014, 37 (1): 33-39.

[109] 张健美. 践行绿色发展理念, 打造碧水蓝天郑州 [J]. 环境教育, 2018 (7): 83-85.

[110] 张竟竟, 郭志富. 县域尺度的河南省城乡协调发展空间格局研究 [J]. 经济地理, 2013, 33 (9): 58-64.

[111] 张凌霄, 蒋雪梅. 河南省水资源利用与经济增长之间的关系 [J]. 改革与开放, 2017 (13): 31-32.

[112] 张培丽, 周湘凤. 水资源安全与经济增长关系研究的新进展 [J]. 经济学动态, 2013 (1): 94-98.

[113] 张瑞祥, 王国梁. 基于因子分析的临汾市县域经济发展水平研究 [J]. 山西师范大学学报 (自然科学版), 2013, 27 (2): 98-101.

[114] 张伟丽, 覃成林, 李小建. 中国地市经济增长空间俱乐部趋同研究——兼与省份数据的比较 [J]. 地理研究, 2011, 30 (8): 1457-1470.

[115] 张伟丽, 覃成林. 基于时空耦合视角的中国区域经济增长俱乐部趋同分析 [J]. 地理与地理信息科学, 2016, 32 (2): 77-82, 127.

[116] 张伟丽，覃成林. 区域经济增长俱乐部趋同的界定及识别 [J]. 人文地理，2011，26（1）：76-81.

[117] 张伟丽，张翠. 中原经济区增长俱乐部趋同及其演变——基于县域尺度的加权马尔可夫链分析 [J]. 干旱区资源与环境，2015，29（8）：14-19.

[118] 张伟丽. 区域经济增长俱乐部趋同：假说检验及解释 [J]. 地理科学，2018，38（2）：258-263.

[119] 张伟丽. 中国区域经济增长俱乐部趋同及其演变分析——基于时空加权马尔可夫链的预测 [J]. 经济问题，2015（3）：108-114.

[120] 张小静，唐承丽，段小微，史文涛，韩卫银. 河南省区域经济差异及其空间格局特征 [J]. 重庆工商大学学报（自然科学版），2014，31（4）：83-87.

[121] 赵东霞，韩增林，赵彪. 东北地区城市经济联系的空间格局及其演化 [J]. 地理科学，2016，36（6）：846-854.

[122] 赵林，韩增林，马慧强. 中原经济区城市内在经济联系分析 [J]. 经济地理，2012，32（3）：57-62.

[123] 赵威，覃成林. 长三角空间趋同俱乐部影响因子研究 [J]. 区域经济评论，2013（2）：62-67.

[124] 郑文升，姜玉培，卓蓉蓉，闰记影，王晓芳. 安徽省县际经济联系网络结构演变及影响因素 [J]. 地理科学，2016，36（2）：265-273.

[125] 中华人民共和国环境保护部.（GB3095-2012），2012-02-29. 环境空气质量标准 [S]. 北京：中国标准出版社，2012.

[126] 钟昌宝，干心一. 中国省际物流产业发展的空间关联网络结构特征分析 [J]. 常州大学学报（社会科学版），2017，18（4）：51-61.

[127] 周素萍，曹杰. 近10年我国用水与水资源利用情况时空特征研究 [J]. 南京信息工程大学学报（自然科学版），2015，7（4）：323-330.

[128] 周一星. 城市地理学 [M]. 北京：商务印书馆，1995.

［129］朱一丹，魏建荣，黄露等. 不同大气污染程度地区学龄儿童呼吸系统疾病及症状发生的比较［J］. 北京大学学报（医学版），2015, 47（3）：395-399.

［130］朱玉周，刘和平，郭学峰等. 郑州市空气质量状况及冬季持续污染过程的气象机理分析［J］. 气象与环境科学，2009, 32（3）：47-50.

［131］Acemoglu D., García - Jimeno C., Robinson J. A. State Capacity and Economic Development: A Network Approach［J］. Am. Econ. Rev. 2015（105）：2364-2409.

［132］Huggins R., Thompson P. A Network-based View of Regional Growth［J］. Econ. Geogr. 2014（14）：511-545.

［133］Tiana X. et al. Regional Income Inequality in China Revisited: A Perspective from Club Convergence［J］. Economic Modelling, 2016（56）：50-58.

［134］Ahmad S. A., Sethu D. S. R. Club Convergence across Indian States: An Empirical Analysis［J］. Journal of Economic Development, 2015, 40（4）：107-124.

［135］Anagnostou A., Kallioras D., Kollias C. Governance Convergence among the EU28?［J］. Social Indicators Research, 2015（9）：1-14.

［136］Angang Hu. Embracing China's New Normal: Why the Economy Is Still on Track［J］. Foreign Affairs, 2015, 94（3）：8-10.

［137］Apergis N., Cooray A. Tax Revenues Convergence across ASEAN, Pacific and Oceania Countries: Evidence from Club Convergence［J］. Journal of Multinational Financial Management, 2014, 27（10）：11-21.

［138］Bandyopadhyay S. Convergence Clubs in Incomes across Indian States: Is There Evidence of a Neighbours' Effect?［J］. Economics Letters, 2012, 116（3）：565-570.

［139］Barro R. Economic Growth in a Cross Section of Countries［J］.

Quarterly Journal of Economics, 1991, 106 (2): 407-443.

[140] Bartkowska M., Riedl A. Regional Convergence Clubs in Europe: Identification and Conditioning Factors [J]. Economic Modelling, 2012, 29 (1): 22-31.

[141] Baumont C., Ertur C., Gallo J. L. Exploratory Spatial Data Analysis of the Distribution of Regional Per Capita GDP in Europe, 1980-1995 [J]. Regional Science, 2003 (82): 175-201.

[142] Beelen R., Hoek G., Van den Brandt P. Long-term Exposure to Traffic-related Air Pollution and Lung Cancer Risk [J]. Epidemiology, 2008, 19 (5): 702-710.

[143] Biswajit Banerjee, Manca Jesenko. Economic Growth and Regional Disparities in Slovenia [J]. Regional Studies, 2015, 49 (10): 1722-1745.

[144] Borsi M. T., Metiu N. The Evolution of Economic Convergence in the European Union [J]. Empirical Economics, 2015, 48 (2): 657-681.

[145] Brida J. G., Garrido N., Mureddu F. Italian Economic Dualism and Convergence Clubs at Regional Level [J]. Quality & Quantity, 2014, 48 (1): 439-456.

[146] Caggiano G., Leonida L. Multimodality in the Distribution of GDP and the Absolute Convergence Hypothesis [J]. Empirical Economics, 2013, 44 (3): 1203-1215.

[147] Chen B. Z., Yi F. Determinants of Economic Growth in China: Private Enterprise, Education, and Openness [J]. China Economic Review, 2000, 11 (1): 1-15.

[148] Chengyu Li, Shuai Shao. A Dynamic Computable General Equilibrium Simulation of China's Innovation-based Economy Under the New Normal [J]. Journal of Shanghai Jiaotong University (Science), 2016, 21 (3): 335-342.

[149] Cheong T. S., Wu Y. R. Regional Disparity, Transitional Dynamics and Convergence in China [J]. Journal of Asian Economics, 2013,

29 (12): 1-14.

[150] Choo S. P., Kun S. S., Mun H. W. Detecting the Convergence Clubs and Catch-Up in Growth [J]. Asian Economic and Financial Review, 2013, 3 (1): 1-15.

[151] Dan Yan, Yalin Lei, Yukun Shi, Qing Zhu, Li Li, Zhien Zhang. Evolution of the Spatiotemporal Pattern of PM2. 5 Concentrations in China—A Case Study from the Beijing-Tianjin-Hebei region [J]. Atmospheric Environment, 2018, 183.

[152] Danny T. Quah. Empirics for Growth and Distribution: Stratification, Polarization, and Convergence Clubs [J]. Journal of Economic Growth, 1997 (2): 27-59.

[153] David G., Arash E., Michael C. Waste, Just Another Resource: A Case for Waste Water [J]. Energy Engineering, 2016, 113 (3): 99-102.

[154] De Siano R., D'Uva M. Club Convergence in European Regions [J]. Applied Economic Letters, 2006, 13 (9): 569-574.

[155] De Siano R., D'Uva M. Human Capital and Club Convergence in Italian Regions [J]. Economics Bulletin, 2007, 18 (1): 1-7.

[156] Deardorff A. V. Rich and Poor Countries in Neoclassical Trade and Growth [J]. The Economic Journal, 2001 (111): 277- 294.

[157] Durlauf S. N., Johnson P. A. Multiple Regimes and Cross-country Growth Behavior [J]. Journal of Applied Econometrics, 1995 (10): 365-384.

[158] Fabio Canova. Testing for Convergence Clubs in Income Per-capita: A Predictive Density Approach [J]. HWWA Discussion Paper, 2001 (139): 7-35.

[159] Fischer M. M., LeSage J. P. A Bayesian Space - time Approach to Identifying and Interpreting Regional Convergence Clubs in Europe [J]. Regional Science, 2015, 94 (4): 677-702.

[160] Frank H. Stephen. The Institutional Environment Required to

Support China's New Normal Economy [J]. China-EU Law Journal, 2017, 5 (3): 119-134.

[161] Fredrik N. G. Andersson, David L. Edgerton, Sonja Opper. A Matter of Time: Revisiting Growth Convergence in China [J]. World Development, 2013, 45 (5): 239-251.

[162] Fritsche U., Kuzin V. Analyzing Convergence in Europe Using the Non − linear Single Factor Model [J]. Empirical Economics, 2011 (41): 343-369.

[163] Furková A., Chocholatá M. Spatial Econometric Modelling of Regional Club Convergence in the European Union [J]. Ekonomický časopis, 2016, 64 (4): 367-386.

[164] Galor O. Convergence? Inference from Theoretical Models [J]. Economic Journal, 1996 (106): 1056-1069.

[165] Ghosh, M., Ghoshray A., Malki I. Regional Divergence and Club Convergence in India [J]. Economic Modelling, 2013, 30 (1): 733-742.

[166] Hao Rui. Opening Up, Market Reform, and Convergence Clubs in China [J]. Asian Economic Journal, 2008, 22 (2): 133-160.

[167] Heckelman J. C. Income Convergence among U. S. States: Cross-sectional and Time Series Evidence [J]. Canadian Journal of Economics, 2014, 46 (3): 1085-1109.

[168] Herrerias M. J., Ordoñez J. New Evidence on the Role of Regional Clusters and Convergence in China (1952-2008) [J]. China Economic Review, 2012 (23): 1120-1133.

[169] Herrerias W. J. Weighted Convergence and Regional Growth in China: An Alternative Approach (1952~2008) [J]. Th Annals of Regional Science, 2012, 49 (1) : 685-718.

[170] Hong Zhang, Linjun Li, Tiantian Chen, Vera Li. Where Will China's Real Estate Market Go under the Economy's New Normal? [J]. Cities, 2016, 14 (3): 1016-1025.

[171] Hsu Hsimei, Chen Chentung. Aggergation of Fuzzy Opinion under Group Decision Making [J]. Fuzzy Sets and Systems. 1996, 79 (3): 279-285.

[172] Jacobs W., Koster H., Hall P. The Location and Global Network Structure of Maritime Advanced Producer Services [J]. Urban Studies, 2011, 48 (13): 2749-2769.

[173] Jian Chang, Aijiao Huang. Human Rights Protection under the New Normal State of Economy [J]. Human Rights, 2015, 14 (4): 312-324.

[174] Juessen F. A Distribution Dynamics Approach to Regional GDP Convergence in Unified Germany [J]. Empirical Economics, 2009 (37): 627-652.

[175] Kaiser D. P., Qian Y. Decreasing Trends in Sunshine Dutration over China for 1954-1998-Indication of Increased Haze Pollution [J]. Geophysical Research Letters, 2002, 29 (21): 38-31.

[176] King A., Ramlogan-Dobson C. Is There Club Convergence in Latin America? [J]. Empirical Economics, 2016 (1): 1-21.

[177] Künzli N., Bridevaux P. O., Liu L. J. Traffic-related Air Pollution Correlates with Adult-onset Asthma among Never-smokers [J]. Thorax, 2009, 64 (8): 664-670.

[178] Lau C. K. M. New Evidence about Regional Income Divergence in China [J]. China Economic Review, 2010, 21 (2): 293-309.

[179] Li et al. Cross-country Output Convergence and Growth: Evidence from Varying Coefficient Nonmodel-driven Method [J]. Economic Modelling, 2016 (55): 32-41.

[180] Lim U. Regional Income Club Convergence in US BEA Economic Areas: A Spatial Switching Regression Approach [J]. The Annals of Regional Science, 2016, 56 (1): 273-294.

[181] Lin P. C., Lin C. -H., Ho I. L. Regional Convergence or Divergence in China? Evidence from Unit Root Tests with Breaks [J]. The

Annals of Regional Science, 2013, 50 (1): 223-243.

[182] Liu Hening, Wang Le. Time Series Analysis of Income Convergence in China [J]. Applied Economics Letters, 2010 (17): 25-29.

[183] Maasoumi E., Wang L. Economic Reform, Growth and Convergence in China [J]. Econometrics Journal, 2008 (11): 128-154.

[184] Magrini S., Gerolimetto M., Engin Duran H. Regional Convergence and Aggregate Business Cycle in the United States [J]. Regional Studies, 2015, 49 (2): 251-272.

[185] Maliwal, S., Verma, M. K., Devatha, C. P. Integrated Water Resource Projects Planning Using GIS [C]. Advances in Engineering, Science and Management (ICAESM), 2012 International Conference, 2012.

[186] Marcus Gumpert. Rational Underdevelopment: Regional Economic Disparities under the Heckscher-Ohlin Theorem [J]. International Review of Applied Economics, 2016, 30 (1): 89-111.

[187] Maria Daniela Otil, Andra Miculescu, Laura Mariana Cismaş. Disparities in Regional Economic Development in Romania [J]. Annals of the Alexandru Ioan Cuza University Economics, 2016, 62 (1): 37-51.

[188] Mark Jefferson. The Law of the Primate City [J]. Geographical Review, 1939 (29): 226-232.

[189] Martin V., Vazquez G. Club Convergence in Latin America [J]. The B. E. Journal of Macroeconomics, 2015, 15 (2): 791-820.

[190] Masahiko YOSHII. Regional Economic Disparities in Central and Eastern European Countries [J]. Russian and East European Studies, 2003 (32): 37-47.

[191] Meng H., Xie W. J., Zhou W. X. Club Convergence of House Prices: Evidence from China's Ten Key Cities [J]. International Journal of Modern Physics B, 2015, 29 (24): 1-16.

[192] Mérida A. L. et al. Exploring the Regional Distribution of Tourism and the Extent to Which There Is Convergence [J]. Tourism Management, 2016 (57): 225-233.

[193] Monaheng Seleteng, Sephooko Motelle. Sources of Economic Growth in the Southern African Development Community: Its Likely Impact on Povery and Employment [J]. Review of Economic and Business Studies, 2016, 9 (2): 211-249.

[194] Pan X. F., Liu Q., Peng X. X. Spatial Club Convergence of Regional Energy Efficiency in China [J]. Ecological Indicators, 2015 (51): 25-30.

[195] Papalia R. B., Bertarelli S. Nonlinearities in Economic Growth and Club Convergence [J]. Empirical Economics, 2013, 44 (3): 1171-1202.

[196] Pesaran M. H. A Simple Panel Unit Root Test in the Presence of Cross-section Dependence [J]. Journal of Applied Econometrics, 2007, 22 (2): 265-312.

[197] Pfaffermayr M. Spatial Convergence of Regions Revisited: A Spatial Maximum Likelihood Systems Approach [J]. Journal of Regional Science, 2012, 52 (5) : 857 -873.

[198] Phillips P. C., B. Sul D. Economic Transition and Growth [J]. Journal of Applied Econometrics, 2009 (24): 1153-1185.

[199] Phillips P. C., B. Sul D. Transition Modeling and Econometric Convergence Tests [J]. Econometrica, 2007, 75 (6): 1771-1855.

[200] Quah D. T. Twin Peaks: Growth and Convergence in Models of Distribution Dynamics [J]. Economic Journal, 1996 (106): 1045-1055.

[201] Reilly W. J. Methods for the Study of Retail Relationships [M]. Bulletin: University of Texas, 1929: 1-9.

[202] Roodman D. A Note on the Theme of Too Many Instruments [J]. Oxford Bulletin of Economics and Statistics, 2009, 71 (1): 135-158.

[203] Sofi A. A., Durai R. S. Income Convergence in India: A Non-model-driven Approach [J]. Economic Change and Restructuring, 2016, 46 (1): 23-40.

[204] Thawale P., Ghosh T., Singh S., Agro-economic Evaluaion of

Water Resource Project—A Modeling Approach [J]. Environ Monit Assess, 2012 (184): 2575-2591.

[205] Tomohito Okabe, Timothy Kam. Regional Economic Growth Disparities: A Political Economy Perspective [J]. European Journal of Political Economy, 2016, 10 (9): 323-330.

[206] Venus K. S. L., Yusuf A. Income Convergence: Fresh Evidence from the Nordic Countries [J]. Applied Economics Letters, 2009, 16 (12): 1245-1248.

[207] Von L. K., Thoennessen R. Regional Club Convergence in the EU: Evidence from a Panel Data Analysis [J]. Empirical Economics, 2016 (6): 1-29.

[208] Wahiba N. F. Convergence and Divergence among Countries [J]. Asian Economic and Financial Review, 2015, 5 (3): 510-520.

[209] Wallace J., Kanaroglou P. The Effect of Temperature Inversions on Ground-level Nitrogen Dioxide (NO_2) and Fine Particulate Matter (PM2.5) Using Temperature Profiles from the Atmospheric Infrared Sounder (AIRS) [J]. Science of the Total Environment, 2009, 407 (18): 5085-5095.

[210] Weili Zhang, Jibin Fu, Quan Ju. A Study on the Wodel of Economic Growth Convergence in Developing Regions: An Empirical Analysis from Henan Province, China [J]. Empirical Economics, 2019.

[211] Weili Zhang, Wei Xu, Xiaoye Wang. Regional Convergence Clubs in China: Identification and Conditioning Factors [J]. Annals of Regional Science, 2019, Forthcoming. DOI: 10. 1007/s00168-019-00898-y.

[212] Westerlund J. A Sequential Test for Pair-wise Convergence in Chinese Provincial Income [J]. Journal of Asian Economics, 2013, 27 (8): 1-6.

[213] Xi Chen, Jing Li, Weiguo Jiang, Yunfei Zhang, Liangliang Tao, Xiaoxia Shi. A Decision-support Method for Water Resource Projects Allocation at the City Scale [P]. Geoscience and Remote Sensing

Symposium (IGARSS), 2014 IEEE International, 2014.

[214] Yang F., Pan S. Y., Yao X. Regional Convergence and Sustainable Development in China [J]. Sustainability, 2016, 8 (2): 121-136.

[215] Zhang Ziyin, Zhang Ling, Gong Daoyi. Evolution of Surface O_3 and PM2. 5 Concentrations and Their Relationships with Meteorological Conditions over the Last Decade in Beijing [J]. Atmospheric Environment, 2015 (108): 67-75.

[216] Zhaohui Chong, Chenglin Qin, Xinyue Ye. Environmental Regulation, Economic Network and Sustainable Growth of Urban Agglomerations in China [J]. Sustainability, 2016 (8): 467.

[217] Zipf G. K. The Hypothesis: On the Intercity Movement of Persons [J]. American Sociological Review, 1946, 11 (6): 677-686.